KB169371

학교와 마을을 넘어

작은 학교, '여섯 띠앗'의 꿈을 찾아서

학교와 마을을 넘어
작은 학교, '여섯 띠앗'의 꿈을 찾아서

초판 1쇄 인쇄 2020년 12월 12일
초판 1쇄 발행 2020년 12월 22일

지은이 이계풍
펴낸이 김승희
펴낸곳 도서출판 살림터

기획 정광일
편집 조현주
북디자인 이순민

인쇄.제본 (주)신화프린팅
종이 (주)명동지류

주소 서울시 양천구 목동동로 293. 22층 2215-1호
전화 02)3141-6553
팩스 02)3141-6555
출판등록 2008년 3월 18일 제313-1990-12호
이메일 gwang80@hanmail.com
블로그 http//blog.naver.com.dkffk 1020

ISBN 979-11-5930-172-8 03370

이 도서의 국립중앙도서관 출판예정도서목록(CIP)은 서지정보유통지원시스템 홈페이지(http://seoji.nl.go.kr)와
국가자료공동목록시스템(http://www.nl.go.kr/kolisnet)에서 이용하실 수 있습니다. (CIP제어번호: CIP2020052739)

학교와
마을을
넘어

작은 학교, '여섯 띠앗'의 꿈을 찾아서

이계풍 지음

익숙함을 떨치고 낯섦을 위한 도전

학교현장은 여전히 학생들의 현실의 삶과 미래에 대한 대안 제시 없이 교과 중심 교육과정 위주로 운영되고 있다. 창의적 체험활동 영역마저 형식적이며 집단적인 행사 위주로 운영되는 경우가 많다. 나는 학생의 성장은 비단 교과지식뿐만 아니라 노작교육을 통한 경험과 추억을 바탕으로 마을 공동체의 현장에서도 이루어진다고 믿는다. 그래서 그 과정에서 얻는 희로애락을 시와 글로 표현하며 그 경험을 공유하고 싶었다.

그런데 갑자기 들이닥친 코로나19는 우리의 사고와 일상에 많은 변화를 가져왔다. 그동안 전통적으로 생각해 왔던 효와 예절에 새로운 방식의 변화를 가져왔다. 또 서로 땀 흘리고 서로의 체온을 느끼며 교육 실천을 해 왔던 학교현장에서는 '비대면'이라는 낯선 방법을 받아들여야 하는 환경에 놓이게 된 것이다. 그리고 그 끝은 아직 가늠해 볼 수 없다. 현장의 체험과 경험, 여행이 사라지고 사진, 동영상의 간접 체험이 교실 수업으로 들어왔다.

내가 올해 새롭게 근무하는 학교는 본교와 두 곳의 분교를 모두 합쳐 학생이 60명 이하인 작은 학교이다. 급변하는 코로나19는 작은 학교에도 예외 없이 찾아왔고, 많은 부분에서 교육활동이 제약을 받고 있다. 이러한 환경 속에서도 우리는 교육활동을 멈출 수 없으니, 다음과 같이 그 방향을 찾고자 한다.

　1장에는 학교를 중심으로 학생들과 교육활동, 특히 마을학교와 관련된 이야기를 담았다. 마을학교의 사례를 중심으로 마을학교 운영의 문제점과 개선에 대해 생각해 보았다. 2장에서는 교사들의 연대와 협력의 중요성에 대해 이야기하고 싶었다. 3장에는 학생들과 아침활동을 통해 실천했던 독서에 대한 개인적인 기록을 남겨 놓았다. 4장에는 교육활동 중 느낀 글들을 실었다. 5장에는 지난 1년간 틈틈이 써 온 시들을 실었다.

　6장에는 중국에 파견교사로 나가 경험했던 중국의 교육환경과 문화, 여행 등을 우리나라와 비교하여 우리 학생들에게 알려 주고자 기록한 글을 싣는다.

　코로나19는 우리가 미래를 위해 많은 준비를 해야 함을 알려 주었다. 비대면 상황에서 어떻게 학생들에게 체험과 경험을 쌓게 해 줄 것인지, 이러한 환경에서 어떻게, 무엇을 준비할 것인지…. 이 책을 통해 작은 울림이 있기를 기대한다.

2020년 겨울

이계풍

1장

마을학교,
또 하나의 학교가 되다

꼬마 농부들의 놀이터, 텃밭

시골 학교의 장점은 대부분 넓은 운동장과 실습지가 있다는 점이다. 어떤 사람들은 부모님이 대부분 농사를 짓는 시골 학교에서 텃밭 교육이 무슨 필요가 있느냐면서, 오히려 도시에서 텃밭 교육이 필요하다고 주장한다.

그러나 나의 답은 '아니요'이다. 도시의 학교에서는 텃밭 교육을 하고 싶어도 실습지가 없는 곳이 대부분이다. 5, 6학년 실과 단원의 '식물 가꾸기'를 가르치기 위해 화분에 토마토나 고추 등을 심어서 관찰 교육을 하는 수준이다. 그나마 도시 아이들은 정성을 기울여 가꾸기를 해도 화분에 심은 채소가 얼마 지나지 않아 죽거나 수확을 걷을 수 없는 경우가 많다. 게다가 시골 학교의 아이들도 사실은 농사 경험이 많지 않은 것이 현실이다.

그런데 전교생이 학년별로 또는 1학년부터 6학년까지 여섯 명씩 육남매 또래를 지어 그들만의 텃밭을 만들어 준다면 어떨까.

아이들은 소속감과 책임감으로 신이 나고 진지하게 온 정성을 들여 식물들을 가꾸었다. 우리 학교는 텃밭에 고추와 가지, 피망 등을 전교생이 각자 하나씩 심도록 했다. 돌을 골라내고 고사리 손으로 땅을 파 모종을 심는다. 그렇게 열심일 수가 없다.

교직원들도 모두 함께 나와 일을 거두니 금방 일이 끝난다. 아이들은 고추를 따서 급식실에서 먹으면 좋겠다고 한다. 고추를 따서 팔아야 한다고 하는 아이도 있다. 또 어느 반은 밖에서 삼겹살 파티를 하자는 의견도 있다. 이렇게 텃밭에서는 작은 농부들의 작은 소망이 무럭무럭 자라고 있다.

삼별초항쟁의 자취가 남아 있는 마을

5학년 사회 교과서에는 몽고의 침입에 대응한 고려에 대한 단원이 나온다. 특히, 대몽 항쟁에서 유일하게 끝까지 자주적인 자세로 몽고에 항쟁한 삼별초 항쟁의 과정이 수록되어 있다.

알다시피 삼별초는 고려 최씨 무신정권의 사병 조직으로, 고려 왕조가 강화도에서 개경으로 다시 환도를 할 때 끝까지 남아 항쟁 의지를 드러낸 군인들이다. 강화도에서의 투쟁이 불리해지자 배중손과 김통정 등은 1,000여 척의 배를 이끌고 진도 벽파를 지나 용장산성으로 입성한다. 진도는 강화도와 같이 조수 간만의 차가 심하고 물살이 빨라 해전에 약한 몽고군의 침입을 방어할 천혜의 요새였다.

강화도에서 진도로 가는 배가 1,000여 척이었다면 최소한 2만여 명의 인구가 해로를 통해 대이동을 했을 터이니, 그 당시 해양의 발달을 짐작할 수 있다. 용장산성에 가 보니 계단식으로 궁궐 터가 자리 잡고 있었다. 아마도 삼별초가 들어오기 전부터 발달한 토착 세력이 있었을 것이다.

배중손은 진도에서 승화후 왕온을 국왕으로 삼고 1270년에 제주도나 나주 등에서 여몽연합군을 상대로 승전했다고 한다. 그러나 1년을 더 버티지 못하고 1271년 여몽연합군에 쫓겨 의신면 침계리 위의 왕무덤 고개에서 왕온과 왕온의 아들이 죽고 만다.

현재 운림산방으로 가는 바로 입구의 사천리에 왕온의 묘가 자리 잡고 있다. 말무덤이 유독 큰 것이 인상적이다. 의신면 사천리 저수지의 유래가 핏물이 내를 이루고 빗물이 되어 내가 되었다는 '사천(斜川)'에서 온 것을 보면 삼별초 항쟁과 연관이 있음을 미루어 짐작할 수 있다. 왕고개에서 국왕인 왕온을 잃은 삼별초는 의신면 돈지리 벌판에서 다시 한 번 많은 희생을 당한다.

돈지리 벌판의 끝이자 의신면 거룡리로 넘어가는 고갯길 아래에는 몽고군에 잡혀 수모를 당하느니 자결하는 것이 낫다고 하며 물에 빠져 죽었다는 '삼별초궁녀둠벙'이 자리하고 있다. 이 언덕길을 지나 의신면 원두리 벌판에서도 여몽연합군과의 싸움에서 많은 희생이 있었다고 전해진다.

배중손은 의신면을 지나 임회면 지금의 남도진성에서 여몽연합군과 마지막 혈투를 벌인다. 이곳에서 배중손 장군은 삼별초를 제주도로 도피시키고자 마지막 지연 작전을 벌이다 죽음을 맞이한다. 임회면 굴포리에는 배중손 장군의 사당이 자리하고 있다. 김통정은 삼별초를 이끌고 의신면 금갑해변길(의신면 접도 입구)에서 머나먼 제주도로 피난길을 떠난다. 금갑해변의 뒷산에는 금갑진성의 산성이 남아 있어 삼별초와의 연관성을 연구해 보는 것이 어떨까 하는 생각이 들었다.

아이들은 자신들이 살고 있는 의신면이 삼별초 항쟁의 역사적 무대였다는 사실을 역사 수업을 통해 알고 나서 깜짝 놀랐다고 한다. 아이들은 그러한 역사적 사실이 자랑스러웠고, 역사가 과거에만 존재하는 것이 아니라 우리의 생활 속에 함께 있다는 생각이 들었다고 한다. 나는 아이들과 그 마을 현장을 직접 찾아가 보자고 약속했다.

'여섯 띠앗'의 꿈

진도 의신면의 의신초등학교는 본교와 분교 학생이 61명인 농어촌의 소규모 학교이다. 마을학교의 목표는 무엇일까. 교사, 학부모, 지역민의 성장과 발전이 궁극적인 목표는 아닐 것이다.

마을학교가 성장하고 발전하려면 학생들의 자치능력을 향상시키는 것이 중요하다. 학생들이 학교에서 자신들의 삶과 관련 있는 자치능력과 문제해결능력을 키우고, 마을학교에서도 자발적으로 어른들과 협력관계를 이루려면 학생들이 자치능력을 기를 수 있는 배움의 장을 지속적으로 제

공해 주어야 한다. 그것이 어른들이 할 일이다.

의신초등학교에서는 학생들의 자치능력을 향상시키기 위해 전교생을 6학년부터 1학년까지 모두 6개의 조직으로 나눠 '여섯 띠앗'을 만들어 운영하고 있다. 담당 선생님은 전라남도교육정보원의 도움을 받아 '찾아가는 자치능력 프로그램'을 마련하고, 전문가의 도움으로 학생들은 회의 진행 방법, 소통 방법, 문제해결의 과정 등을 배울 수 있었다.

또한 학교 공간 혁신의 일환으로 외부 건물을 학생과 주민, 마을 청년들이 함께 쓸 공간으로 리모델링하고자 했다.

학생들의 의견이 빠진 공간 혁신은 의미가 없다. 그러니 학생들이 의견을 내려면 공간과 건축이 어떤 의미가 있는지, 자신들의 삶과 어떤 연관이 있는지를 알아야 한다.

먼저 건축가를 모시고 10차시를 운영했다. 학생들이 건축과 공간에 대한 개념을 먼저 배우게 했고, 학교 공간 구성에 대한 학생들의 의견을 모으는 과정도 활발하게 진행되었다.

학생들은 공간에 대한 이해가 넓어지자, 자신들이 생각하는 학교 공간에 대한 아이디어를 적극적으로 내기 시작했다.

주체적 참여자로 자라나는 학생들

　마을학교 운영도 마찬가지다. 마을학교를 마을의 청년회나 학부모, 지역
주민이나 교사들이 모든 과정을 본인들이 운영한다고 하면 문제가 생기기
마련이다. 서로 책임 전가를 하거나 자신들만이 희생한다고 생각할 수도 있
고, 또한 자기들끼리만 하는 소위 따돌림 현상이 일어날 수도 있다.

　의신면의 '또바기마을학교'의 청년회장과 사무국장을 만나 고충을 들어
보니, 교육지원청의 비협조, 학교 선생님들의 무관심, 학부모들의 오해 등
이 자신들의 사기를 떨어뜨린다고 털어놓았다. 마을학교가 성장하려면 학

생의 자치능력 향상뿐만 아니라 학부모의 협조와 학교교육에 대한 신뢰 구축이 중요하다. 결국 학교교육에 대한 신뢰는 마을학교의 성장으로 가는 중요한 디딤돌이기 때문이다.

학교는 학생들이 학교뿐만 아니라 마을학교 교육과 활동에 주체적으로 참여할 수 있도록 역량을 키워 주는 교육활동을 지속적으로 제공해야 한다. 학생들이 학교와 마을학교에서 배움의 기회가 늘어나면 학부모의 마을학교에 대한 기대와 협조는 당연히 따라오는 고구마 줄기 같은 것이기 때문이다.

그러한 활동들이 계속되면 자치능력이 향상되고, 학생들은 방관적 책임자가 아니라 주체적인 참여자로 성장을 거듭할 것이다.

또바기마을학교 이야기

'또바기'는 순우리말로 '언제나 한결같이 꼭 그렇게'라는 뜻이다. 변하지 않고 초심을 유지하겠다는 말이다.

1967년부터 의신면 청년회가 만들어져 활동해 오다가 1994년에 봉사단체로 정식 등록되었다고 한다. 그동안 의신면의 환경개선 사업, 방역 사업, 불우이웃 돕기, 지역 어르신 위로잔치 등을 해 왔다.

2019년부터 의신면 '또바기마을학교'를 운영하고 있다. '또바기마을학교'는 학교와 지역사회를 배움의 터로 삼고 마을을 통해 학생들이 성장할 수 있도록 서로 소통하고 협력하여 의신면의 교육 발전을 위한 사업을 펼치고자 시작되었다.

의신면 청년회의 구성원들이 운영의 적극적인 주체로서, 학교의 공간과 돌아온 진돗개로 유명한 '백구테마센터'를 주로 배움의 장으로 삼고 있다. 마을학교의 학생들은 의신초등학교 본교와 모도분교와 접도분교, 의신중학교의 학생들이다.

2019년도에는 백구테마센터를 주 무대로, 2020년도에는 의신면 사천리 표고판매교육장에서 학생들에게 텃밭교육, 환경에너지교육, 전통문화교

육, 학부모·학생 학교폭력예방교육, 금연교육, 목공교육 등을 계획하고 실
천했다고 한다.

백구테마센터 옆에는 의신면 청년회에서 공동 운영하는 텃밭이 있어, 그
곳에서 농사체험을 했다. 포도 따기, 옥수수 심고 수확하기 등을 통해 농
작물의 성장과정을 살펴보고, 특히, 농사에 대한 비전을 가질 수 있도록
하는 체험활동이었다. 우리 반에 미래의 꿈이 농부라고 자신 있게 이야기
하는 학생이 3명이나 있다는 사실은 농사에 대한 관심에서 비롯되었을 것
이다.

다양한 체험활동으로 영글어 가는 꿈들

의신 또바기마을학교에서는 작년에 환경에너지교육을 위해 학교버스를 타고 다시 배를 타고 진도에서 멀리 떨어진 조도내연발전소를 방문했다. 그동안 전기가 공급되지 않아 낙후되었던 도서벽지에 전기를 안정적으로 공급하게 되는 에너지 복지 현장을 찾은 것이다. 학생들은 '내 고향을 어떻게 하면 발전시킬 수 있을까'를 고민하는 시간을 갖게 되었다.

또한, 의신면 사천리의 편백나무 숲 체험을 통해 숲이 주는 다양한 기능에 대해 알게 되어 자신이 사는 마을에 대한 자부심도 느낄 수 있었다.

또바기마을학교에서 실시한 전통문화체험은 진도군에 위치한 창덕정에서의 국궁 체험이다. 지역의 자원을 활용하여 국궁의 유래와 실제 활쏘기 체험을 통해 다양한 경험의 기회를 갖도록 했다. 지속적이지 못하고 한두 번의 체험으로 그친 것이 아쉽다. 흥미를 보이는 학생들에게 지속적으로 체험을 할 수 있는 방법을 찾아보는 것이 남겨진 과제일 것이다.

학생들뿐만 아니라 지역 주민, 학부모, 청년회들에게도 중요한 것이 학교폭력교육이다. 가정폭력, 아동학대 예방 교육은 자칫 간과하고 넘어갈 수 있는 문제들을 중요하게 짚어 내는 중요한 활동이다.

학교의 교원을 활용하여 '찾아가는 학교폭력교육예방교육'을 실시한 것은 학교와 마을학교 연대 협력의 좋은 예이다. 여기에 학부모 및 지역 주민을 대상으로 마을학교에서 학교의 보건교사가 금연교육까지 실시하니, 학생들이 큰 호응을 보내 주었다. 아빠가 담배를 끊게 되었으면 좋겠다고 기대가 컸다.

2019년도의 공예체험에 학생들은 많은 관심을 보였다. 학교에서는 5학년을 중심으로 목공교육을 주기적으로 실시했다. 기본적으로 톱질, 못질, 전기드릴 다루기를 지속적으로 배운 학생들은, 실제 공예품을 만들 때 자신감이 넘쳤다. 학교교육과 마을교육이 서로 유기적으로 협력관계를 이룬 좋은 기회였다. 또한 학교에서는 진로교육을 통해 목공 프로젝트를 운영하여 학생들이 만든 작품을 전시하기도 했다.

코로나19에도 계속된 마을과 함께하는 배움

2020년에는 코로나19의 영향으로 마을학교가 대폭 축소 운영되었다. 아쉽게도 백구체험센터와 텃밭체험장이 문을 닫게 되었다. 그러자 마을청년회와 학교에서는 학교 안에 비닐하우스를 만들어 마을청년회의 도움으로 텃밭을 만들었다. 학생들은 고추, 토마토, 상추, 울금 등을 직접 심어 관리했다.

형과 누나, 동생들이 조를 이루어 텃밭에서 자라는 작물을 관찰하고, 학교 식당에서는 영양교사와 조리원들의 도움으로 자신들이 수확한 농작물을 요리하여 먹게 했다. 학생들은 신선한 야채를 직접 먹는 것도 좋지만, 무엇보다 자신이 수확한 것이 식탁에 올라오는 것에 자부심을 느낀다고 한다.

코로나19로 인해 마을학교 운영이 어려움에도 불구하고 2020년도에도 농사와 어업을 주로 하는 부모님의 역할을 대신하여 다양한 체험활동을 했다.

마을학교를 다니고 있는 학생들 이야기를 들어 보자.

"농사일로 바쁜 부모님 때문에 주말에는 아침과 점심까지도 굶은 학생들에게 식사 대용의 간식을 제공해 주니 배고프지 않아 좋았어요."

5학년 ○○○

"농사짓는 부모님 때문에 체험활동이나 여행을 못 가는데, 마을학교에서 저희들을 데리고 가니 좋아요."

4학년 ○○○

"고학년뿐만 아니라 저학년들도 마을학교에 참여하여 동생들을 돌보니 없던 동생들이 생겨 좋아요. 그렇지만 자주 결석하는 학생들도 있어 아쉽고 끝나는 시간을 잘 알려 주지 않아 지루하기도 했어요."

5학년 ○○○

'여럿이 함께' 운영하는 마을학교 교육과정

마을학교의 교육과정은 어떻게 만들어져야 할까? 교사가 주도적으로 편성하여 마을학교 운영 주체자에게 통보해야 한다고 생각하면 그것은 오산이다. 만약 지역교육청에서 마을학교 업무를 담당하는 교사에게 마을학교의 모든 프로그램과 예산 등을 책임지게 하고, 그것에 대한 점검이나 성과 발표회 등을 준비하라고 하면 교사의 부담이 가중될 뿐만 아니라 기피 업무가 되어 버릴 것이다.

마을학교공동체의 효과적인 운영을 위해서는 지역교육청, 학교, 지역사회가 서로 유기적으로 조직하여 '여럿이 함께' 운영해 나가야 한다. 마을학교를 학교에서는 담당자만, 지역사회에서는 청년회 대표, 학부모 회장 등만 중심적으로 운영하게 된다면 그 마을학교는 파행적으로 운영될 가능성이 많다. 따라서 마을학교 운영을 위한 민(주민)관(지역청, 학교)의 적절한 역할 분담과 협력이 중요하다.

우선 마을의 자원을 분석하여 학교의 교육과정 안으로 끌어들여야 한다. 마을의 자원은 그 마을의 유관기관뿐만 아니라 마을청년회, 마을발전회, 마을이장단 등의 협력이 필수적이다. 그러므로 학교에서는 그 마을과 유대가 깊은 교원이 담당하는 것이 효과적이다.

　필자가 근무하는 진도에는 유독 진도에 오랫동안 근무를 하고 진도에 터를 잡고 사는 교원이 많다. 그러니 그분들을 적극적으로 활용하는 것도 좋은 방안이다.

　또한 교육지원청에서는 마을학교 담당 교원에게 오랫동안 학교에서 근무할 수 있는 여건과 제도를 뒷받침해야 한다. 의신초등학교의 경우 '또바기마을학교'는 이 학교에서 평교사와 교감, 교장을 하신 관리자가 마을의 환경과 인사자원을 풍부하게 교류하고 있다는 점이 장점이다. 또한 교감 선생님의 경우 '또바기마을학교' 개강식부터 지금까지 한 번도 빠지지 않고 참석하여 마을학교 운영자들로부터 깊은 신뢰를 얻고 있다.

우리 마을의 자원을 어떻게 활용할까

마을학교의 자원은 어떻게 활용해야 할까. 먼저, 학교 담당자와 마을학교 운영자가 협력하여 분석해야 한다. 우리 마을에는 어떤 인적 자원과 물적 자원이 있는지, 그리고 그것을 학교교육과정과 마을학교 교육과정에 어떻게 활용할 수 있는지 철저히 분석하고 준비하는 작업이 학교와 마을학교의 성공을 가름할 것이다.

의신면의 인적 자원에는 의신면들노래 전수자, 전라남도무형문화재 18호 진도북놀이 전수자, 의신면 마을청년회 80여 명의 회원 등이 있다. 물적 자원에는 사천리표고 교육장, 사천리 물놀이장, 운림산방, 첨찰산, 구기자 가공공장, 의신면 목공소, 하마장쉼터, 문화전수장, 백구마을체험센터, 삼별초왕온의 묘, 삼별초궁녀둠벙, 삼별초공원 등이 있다.

'의신또바기마을학교'는 의신면 청년회와 학부모를 중심으로 학교의 교육과정인 여섯 띠앗 활동과 더불어 학교의 공간과 의신면의 공간을 중심으로 학교교육과정에서 배울 수 없는 체험 위주의 교육활동을 펼치고 있다.

2020년에는 코로나19로 인해 많은 활동이 축소 운영되었지만, 물놀이, 영화 상영, 연 만들기, 점토공예, 떡 만들기 체험 등을 운영했다.

하지만 의신면에 지역아동센터가 없기 때문에 교육 프로그램이 지역아동센터에서 운영하는 것과 비슷하다는 것은 아쉬운 점이다. 학교와 마을학교에서는 교육과정에 대한 분석을 다시 한 번 철저히 할 필요가 있을 것이다.

학교의 교육과정을 마을학교와 공유하고 분석하여 지속적으로 마을의 인적 자원과 물적 자원을 활용하여 마을이 배움의 장으로 탈바꿈하도록 재정비해 나가야 한다. 예를 들어, '돌아온 진돗개 백구'를 소재로 한 교육, 의신들노래, 진도북놀이, 삼별초항쟁교육, 구기자와 표고버섯 재배와 수확, 판매, 소비자조합 가입 및 운영, 목공교육, 텃밭교육 등에서 선택과 집중으로 의신면만의 배움의 터를 교육과정으로 묶어 내야 한다.

그리고 지역교육청에서는 예산 사용에 대한 융통성을 발휘하여 학생들의 통학에 관한 통학버스 등을 지원해 줄 필요가 있다.

2장

학교 문화, 여럿이 함께해야 즐겁다

돌아온 백구 진돗개의 고장

우수와 경칩이 지나니 날씨가 많이 풀렸다. 목포에서 오랫동안 근무한 나는 전교생이 60명인 진도 의신면의 작은 초등학교로 발령을 받아 내려왔다. 목포에 살면서는 좁은 지방 도시에 대해 불만(?) 아닌 불만을 가지고 살았었다.

그런데 서울과 수도권에 이어 목포마저 코로나19가 들이닥치자 진도에 내려와 근무하게 된 것이 얼마나 다행인가 하고 위안을 하게 되었다. 인구 밀도도 높지 않아 대면 접촉의 기회가 적은 것도 감사할 일이다. 또한 쌍계사와 운림산방이 깃든 첨찰산이 있어 자연 경관이 아름답다. 대명리조트의 해안은 마치 지중해에 온 듯한 기분이 든다. 그리고 접도의 아름다운 해변 둘레길이 있는 이곳 진도의 의신면은 "돌아온 백구 진돗개"의 사연으로 유명한 곳이다. 앞으로 이곳 의신의 앞들과 동네를 조금씩 알아갈 생각을 하니 벌써부터 마음이 설렌다.

학교 앞 마을 산책

　이른 아침 학교 관사의 문을 여니 아침 안개가 바다를 이루고 있었다. 아침 운동 삼아 학교를 나서니 한치 앞을 볼 수 없는 잿빛 운무가 눈을 가린다. 용기를 내어 다시 신발을 고쳐 신고 학교 정문 앞에 펼쳐진 농로를 따라 발걸음을 떼니 수로에서 흐르는 물이 힘찬 소리를 내며 따라온다.

　안개 속에서 보물을 찾는 마음으로 눈을 부라리며 걷는다. 우리 학교 앞은 바로 들판이고 마을인데 우린 참 큰 학교를 갖고 있는 것이다. 약분과 통분을 이해 못한다고 어제 수학 시간에 거품을 물고 핏대를 올리며 화를 냈던 생각이 저 넓은 들판에 힘찬 수로에 흘러가는 듯하다.

　보리와 귀리가 고개를 잔뜩 웅크리고 수확을 기다리고 있고 옥수수는 벌써 내 허리의 절반만큼이나 자라고 있었다. 메밀밭에는 소설가 이효석의 '메밀꽃 필 무렵'에서처럼 마치 하얀 소금을 뿌려 놓은 듯 아침 안개에 더 몽환적인 분위기를 자아내고 있었다.

　조금 더 걸어가니 감자밭에는 희고도 분홍빛을 띤 꽃이 피고 있었다. 생보리를 몰래 태워 허겁지겁 먹은 탓에 입가가 까맣게 칠해진 친구의 얼굴을 보며 킬킬거렸던 어릴 때의 추억이 잠시 그림이 되어 흘러간다.

우리 학생들에게는 어떻게 보리 서리를 교육시켜야 할지 참 어려운 문제인 것 같다. 이 안개가 그치고 오후가 되면 아이들과 함께 산책하고 선생님의 추억을 양념으로 농작물에 대해 이야기해야겠다. 한참을 지나가니 대파인지 쪽파인지 헷갈리는 모종 이 가득하다. 아마 이곳의 아이들은 어른들 보다 더 많이 알고 있을 것이다.

해먹의자에 앉아, 쉼을 누리다

2020년 6월 29일, 의신초등학교가 목포 MBC 방송국에 저녁 뉴스에 나왔다. 학교의 공간 활용에 대한 아이디어가 훌륭하다면서 취재를 왔던 것이다.

의신초등학교의 운동장 가에는 해먹으로 된 의자들과 정자가 놓여 있다. 해먹의자 옆에 옛날 청사초롱처럼 작은 등이 있는 그곳을 열어 보면 동화책이 들어 있다. 학생들은 친구들끼리 놀다가 책도 읽고 대화 속으로 빠져든다.

의신초등학교의 공간은 학생들뿐만 아니라 지역민들도 누구나 해먹에 앉아 쉬기도 하고, 대화를 나누거나 혼자서 책을 읽을 수도 있다.

나는 그 해먹의자를 가장 좋아한다. 학교 후문 옆에는 간이 휴게소가 있어 비가 오거나 눈이 올 때도, 또는 더위를 피할 수 있다. 통학 버스를 기다리다가 책을 읽을 수 있도록 꾸며 놓았다.

학생들과 가끔씩 정자나 간이 휴게소에서 야외수업을 하는 날이면 학생들은 환호성을 지른다. 이렇게 좋아하는데 자주 할 걸 하는 생각이 절로 든다. 학생들에게 쉼의 공간, 놀이 공간을 제공해 주는 것은 또 다른 창작의 공간을 선사해 주는 것이다.

괭이밥풀을 찾아라

　우리 반 도우는 농사일을 아주 잘한다. 토마토, 고추, 가지를 심기 위해 돌을 고르고 삽질도 제법 잘한다. 이곳 시골 학교 학생들 대부분이 그러하듯 농사일을 도와주기 때문이기도 하지만, 도우가 삽질을 하는 것을 보면 마치 어른이 하는 것 같다. 심지어 관리기도 운전할 줄 안다고 한다.

　그런 도우가 학교 텃밭 옆에 난 풀숲에서 네잎 클로버를 찾는다고 야단이다. 세 개의 하트 모양 잎으로 노란 꽃수술 몇 개가 슬그머니 피기 시작한 꽃을 클로버라고 생각했나 보다. 세잎 클로버의 꽃말은 행복이라고 한다. 네잎 클로버는 행운이다. 우리는 행복 속에서 행운을 찾고 있는 것일까.

　내가 도우에게 말했다.

　"도우야, 이것은 클로버가 아니라 괭이밥풀꽃이야. 고양이 밥풀이란다. 사람도 먹을 수 있어. 한번 먹어 봐."

　"에이, 어떻게 먹어요."

　"그럼 선생님 따라서 먹어 봐."

　나는 괭이밥풀을 한 입 먹어 보이면서 도우에게도 괭이밥풀을 먹여 주었다. 새콤하면서도 약간 신맛이 들어가니 코에 전율이 왔다. 도우는 신기하듯이 친구들에게 달려가며 호들갑이다.

"야. 야들아, 이거 먹어 봐. 정말 맛있어."

우리 반 대표 농사꾼 도우가 마치 어린애처럼 기뻐한다. 괭이밥풀꽃 이름을 잊어버리면 어떠하랴? 나도 어렸을 때 어른들이 입에 넣어 줘서 먹는 것인 줄 알았다. 물론 그것이 괭이밥풀인지, 클로버인지는 중요하지 않았던 것 같다. 괭이밥풀 옆에는 유난히도 싱아가 많이 자라고 있다는 것도 나중에 안 일이다. 이제 숙제는 정해졌다. 나는 학생들에게 숙제를 내준다.

"얘들아, 우리 학교에 있는 고양이가 텃밭 옆에 자란 괭이밥풀을 정말로 먹는지 관찰해 보자."

숙제의 결과가 궁금하다.

새싹보리 키우기

작은 학교의 좋은 점은 바로 넓은 운동장과 텃밭이 있다는 점이다. 우리 학교는 넓은 운동장과 텃밭이 있어서 전교생이 함께 텃밭을 가꾸는 육남매가 조직되어 있다. 학년별로 텃밭이 있어 학생들과 모종을 함께 심고 물을 붓고 거름을 주는 활동을 한다.

거기에 더해 학급에서 할 수 있는 식물 가꾸기가 있다. 봄이 되자 실과 단원 '식물 가꾸기'와 연계하기 위해 학생들과 협의하여 '새싹보리 키우기'로 결정했다.

준비물은 시중이나 인터넷에서 파는 플라스틱 재배기(플라팝새싹재배기)를 사도 되고, 물 빠짐이 좋은 독항아리나 주변에서 쉽게 구할 수 있는 아이스 박스도 괜찮다.

새싹보리 씨앗을 함께 구입하여 적당량의 보리를 골고루 펴서 넣어 두고 보리가 반쯤 잠길 정도로 물을 넣어 주면 3~4일이면 싹이 트게 된다. 그러고 나서 일주일 정도 지나면 새싹이 올라오는 것을 확인할 수 있다. 이때부터는 물이 뿌리에만 닿을 정도로 조절을 해 주면 썩지 않는다. 또한 물을 잘 갈아 주는 것이 중요하다. 그렇지 않으면 뿌리가 썩어 냄새가 날 수 있다.

아이들과 새싹보리를 키우기 시작하고 일주일이 지났을 때였다. 이상하게 플라스틱 재배기 한쪽에 보리껍질이 쌓여 있고 잘 자라지 않았다. 아무래도 쥐가 있는 것 같았다. 작년 겨울부터 우리 교실에 숨어 살고 있는 쥐가 봄이 되어 주인이 바뀌자 나타난 것이다. 며칠간 교실의 모든 구멍을 막고, 쥐덫을 놓아 드디어 학생들과 함께 쥐를 잡는 데 성공했다. 이상한 일은 도시 아이들 같으면 쥐를 보고 도망가고 소리 지르고 난리가 났을 터인데 이곳 아이들은 막대기를 들거나 빗자루를 들고 달려오는 것이다. 이 또한 시골 아이들만 가질 수 있는 특권(?)일지도 모른다.

14일 정도가 지나니 새싹보리를 잘라 먹을 수 있게 되었다. 새싹보리를 보건실에 있는 건조기에 말렸다. 그걸 믹서로 간 다음에 우유나 요구르트에 넣어서 먹었다. 또 치즈와 함께 먹어 보도록 조금씩 싸서 가정으로 보냈다.

관사 앞 은행나무를 바라보며

무엇을 하려고 힘쓰지 마라. 저 뿌리 깊은 은행나무도 사실은 무엇을 하려고 한 것이 아니다. 그저 바람이 불고 눈이 쌓여도 저 노란 은행나무는 그저 버티고 바람이 주는 옷을 입고 벗었을 뿐이다. 무얼 하려고 나서지 마라. 세월이 한자락 지난 뒤에 자신의 몸에 남은 생채기 그저 바람에 맡기면 그만인 것을. 무얼 치료하려 하지 마라.

고요할수록 더 깊어지는 꿩 소리와 은행 낙엽이 이 은행나무를 치료할 것이니… 가만히 그 치료를 보고 고개만 끄덕이면 될 것을.

오랜만에 시골 학교에 와서 내 뜻대로 내 생각대로 되리라는 욕심이 앞섰나 보다. 학교 업무에서도 학생들에게도 내 생각을 많이 드러내고 있었다는 것을 시간이 지나, 그리고 학교 관사의 은행나무가 눈에 보이자 알게 되었다.

이제와 다시 보니 은행나무의 잔가지는 사람이 치는 것이 아니었다. 은행나무는 스스로 잔가지를 쳐 내는 것이다. 무엇을 억지로 하면 결국 사달이 나기 마련이다. 조금 더 기다리고 스스로 결정하도록 놔두는 것도 좋을 듯싶다. 그물이 바람을 가둘 수 없듯이, 바람에게 맡겨 보는 지혜도 가져 봐야겠다. 세월이 약이다.

교사가 즐거워야 학생이 즐겁다

　선생님 한 분이 우리 학교 선생님들을 '어벤저스'라고 부른다. 참 그럴듯 한 별칭이라는 생각이 든다. 선생님들마다 각기 가지고 있는 재능이 다양 하고 그 다양한 능력을 하나의 에너지원으로 승화시킬 인성들을 지녔다. 악기를 잘 다루는 1학년 선생님은 선생님과 직원들에게 개인마다 잘 맞는 악기를 지도해 주신다. 기타를 배우는 행정실 직원, 드럼을 배우는 교감 선생님, 피아노와 우쿨렐레를 배우는 선생님과 보컬을 연습하는 선생님도 계시다.

　학예회에서 열릴 공연을 위해 각각 연습에 몰두하는 모습이 뭔가 새로 운 것을 배우는 아이의 기쁨을 보는 듯하다. 영어를 잘하시는 선생님은 원 어민 수업과 팀티칭하여 방과후학교를 운영하신다. 목공을 전문가 수준으 로 잘하시는 선생님은 자신의 목공 작품을 공유하신다. 침대까지 제작할 수 있어 주변 선생님의 주문까지 받을 정도이다. 또 교실 공간 혁신을 위 해 훌륭한 아이디어를 자주 제공하여 선생님들의 머리를 가볍게 해 준다.

　우리 학교 선생님들은 '전문적 학습공동체'를 적극 운영하여 공개수업 전 사전 협의회를 진지하게 진행한다. 형식적인 수업 사전 협의회가 아닌

멘토와 멘티의 입장에서 그리고 학생의 입장에서 이루어지는 진지한 협의는 실제 공개수업에서도 반영된다. 공개수업 후 비난이나 부족한 부분을 지적하는 자리가 아니라 공동의 문제에 공동의 책임의식을 갖고 공동의 해결책을 찾는 수업협의회가 되고 있다.

실제로 대부분의 선생님이 사전 협의회 덕분에 혼자만의 문제 해결자가 되지 않고 동료 교사와 공동의 문제 해결자와 책임자가 되는 동료의식을 갖게 된다고 이야기한다. 그래서 오히려 공개수업이 부담감이 줄어든다는 것이다. 수업 후에 하는 수업 협의회도 중요하지만, 교사의 부담을 줄이고 양질의 수업을 위해서는 수업 전 사전 협의회가 더욱 중요하고 절실하다는 것이 전문적 학습공동체 운영을 하며 느끼는 우리 학교 선생님들의 생각이다.

'전문적 학습공동체'는 단지 수업협의만 하는 것이 아니다. 각자 맡고 있는 업무를 어떻게 하면 효율적으로 운영할 수 있는지에 대해 집단사고를 함께하고 있다. 서로의 업무를 적극적으로 도와주는 상호 신뢰가 조성되어 있어 선생님들의 사기가 넘친다. 교사가 즐거워야 학생도 즐겁고 행복하다는 만고의 진리를 다시 한 번 새긴다.

상대를 존중하는 학교 조직문화

최근 교육청에서 보낸 회의 문화 개선에 대한 공문을 자주 접하게 된다. 이는 교육청뿐만 아니라 학교에서도 '회의 문화'를 개선시키고자 하는 의지를 담고 있다. 교육청의 적극적인 노력은 현장에도 많이 나타나고 있다.

연구학교 발표회에 가 보면 그 노력을 확연히 볼 수 있다. 장학사에 대한 형식적이고 경직화된 의전에서 벗어나 장학사가 스스로 참가자의 일원으로 참여하고, 실제적인 성과나 수업에 대해 토론에 임하는 모습을 볼 수 있다.

학교에 장학사가 오면 대청소를 하고 걸레에 양초를 묻혀 닦았던 1970~1980년대가 아니더라도, 화분이며 메모 도구 준비, 명패 준비, 선물 준비 등의 의전활동에 관리자가 신경을 쓰던 때가 불과 얼마 되지 않은 일이다.

그렇다면 학교현장에서는 얼마나 민주적인 회의 문화가 나타나고 있을까? 어느 교육청의 교장회의에서 "우리 학교는 학교폭력이 몇 년 동안 한 건도 없었습니다", "우리 학교 회의는 민주적으로 진행되고 있습니다"라는 말이 나왔다는 것을 전해 들은 적이 있다. 그렇게 주장하는 교장의 말이 진실인지를 믿기에는 약간 회의적이다. 학교폭력이 한 건도 없다는 말은 그만큼 민주적이지 못했다는 말이 될 수도 있기 때문이다. 학교에서의 갈등과 보이지 않는 학교폭력이 얼마나 많을지는 대부분의 교사가 알고 있기 때문이다. 그리고 관리자가 민주적으로 회의문화가 조성되었다고 자랑스럽게 말하는 것도 궁색한 주장으로 들린다. 회의 문화가 민주적이라는 것은 모든 구성원의 입장에서 평가되어야 할 주장이고, 회의가 민주적인지 평가하는 교장 이전에 민주적인 관리자나 교장이 필요하기 때문이다.

그럼 학교의 조직문화는 왜 개선되어야 할까? 무엇보다 우리들의 교무회의 시간을 냉정하게 들여다보면 그 답이 나온다. 교무회의는 교무부장의 사회로 진행된다. 각 부서에서 전달이나 행사안내를 하도록 안내한다. 그리고 행정실장, 교감, 교장의 순서로 이야기를 듣는 상향식 회의 문화로 진행되는 곳이 많다. 회의 시간은 전달이 대부분을 차지한다. 그러나 담당 교사는 미리 내부 전산망으로 그 전달할 내용을 미리 보내거나 회의 후에 다시 보내기도 한다. 각 부서의 전달사항이 끝나면 교감이나 행정실의 전달 및 지시, 그리고 교장의 전달이나 지시, 확인으로 회의는 끝이 난다.

이 회의 시간에 교사들은 어떤 생각을 하고 어떤 행동을 할까? 되도록 교장과 떨어져 앉아 책상 밑으로 몰래 핸드폰으로 문자를 주고받거나 심지어는 게임을 하는 경우도 있다. 그리고 종이에 낙서를 하거나 머릿속에는 딴 생각을 하는 경우도 많다. 가끔씩 고개를 들어 동료 교사들의 얼굴을 보면 피곤하고 지루해하는 모습들이다.

이렇듯 학교의 직원회의는 의사결정회의 시간이 아닌 전달과 지시, 확인의 시간이기 때문이다. 이를 알고 있는 교육청에서 아무리 조직문화를 혁신하고자 공문을 내려보내도 현장에서 쉽게 고쳐지지 않는다. 모두들 문제를 인식하고 있지만 변화는 바람처럼 쉬운 일이 아니다.

학교는 공동체를 위한 교육기관

20년 전에 광주의 중학교에서 근무하던 때의 이야기이다. 교감 선생님은 오후 4시 20분부터 교내방송을 하신다. 4시 30분이면 퇴근 시간이니 문단속을 잘하라며 오늘도 수고하셨다는 멘트를 하신다.

바쁜 마음에 일을 더 하고 싶어 교감 선생님께 찾아가면 '늦게까지 남아서 일하는 사람이 무능한 것'이라며, 지금부터라도 빨리 퇴근하는 습관을 들이지 않으면 교직생활 내내 초과 근무하는 습관이 들 것이라고 말씀하셨다. 그 당시는 그 말씀이 서운하고 이해하기 힘들었는데 교직생활을 하면 할수록 그때 교감 선생님의 혜안에 감사함을 느끼게 된다.

지금도 기안문을 출력하여 교감, 교장의 순으로 점검을 받은 뒤, 전자문서 결재를 요구하는 곳도 있는 것으로 안다. 출장이나 연수가 있는 날이면 교사들은 대부분 반갑지가 않다. 수업을 사전에 동료 교사와 바꾸거나 보결교사를 정해야 한다. 전자문서로 출장이나 연수를 신청해도 출장을 가기 전 교감이나 교장에게 다녀오겠다는 인사를 해야 하는 문화가 아직도 많이 남아 있다. 인사를 안 하는 것이 당연하다는 것은 아니다. 중요한 것은 상대방에 대한 상호 이해와 신뢰가 중요하다는 것이다.

그렇다면 어떻게 학교의 조직문화는 혁신할 수 있을까?

먼저, 교직원 회의 문화는 전체 구성원의 참여로 의사결정을 할 수 있는 토론과 의결기구가 되도록 문화를 획기적으로 바꾸어야 한다. 사실, 전달과 지시의 회의 문화가 아닌 전 직원의 의사결정을 위한 회의기구로 바꾸기 위해서는 무엇보다도 교장의 신념과 가치관이 중요하다. 민주적인 관리자는 회의 결정의 과정과 절차를 중요시한다. 결론을 정해 놓고 형식적인 절차를 거친다면 교사들은 입을 닫기 시작할 것이고 답은 정해져 있는 '답정너'와 거수기 역할을 할 뿐이다.

따라서 각 부서는 단순한 전달 사항은 내부 전산망으로 서로 공유하거나 회의 전에 의사결정 사항에 대해 미리 충분히 생각하고 부서별로 토의할 수 있는 기회를 주어야 한다. 그리고 교직원회의에서는 의사결정의 최종 기구가 될 수 있도록 해야 한다.

전 교직원은 누구라도 의사결정 과정에서 소외받지 않도록 기회를 제공해야 한다. 그리고 의사결정이 관리자에 의해 번복되거나 부결되지 않도록 관리자 또한 의사결정의 준비와 과정, 결과에까지 일원으로서 참여하도록 해야 한다. 그 조직의 의사결정 과정이 민주적인지에 대한 평가는 조직의 모든 구성원에 의해서 이루어지는 것이다. 이를 위해 교육청의 부단한 제도적인 뒷받침은 물론 관리자의 자발적인 노력이 무엇보다 필요할 것이다. 교원들도 자신들의 의견을 낼 수 있도록 '전문적 학습공동체'나 동료교사들과 협의문화를 만들어 가야 한다. 학교는 전 구성원의 공동체에 의한 공동체를 위한 교육기관이기 때문이다.

학교의 담 너머

시골 학교에서 어린 유년을 보낸 내가 초등학교를 회상하면 초등학교는 그저 학생의 배움의 공간만으로는 설명할 수 없는 다양한 문화와 교제의 중심지였다. 1970~1980년대에 초등학교(당시 초등학교)를 다닌 사람들이라면 대부분 공감할 수 있는 그 당시의 초등학교의 존재와 역할이 분명 따로 있었다.

운동장 가로 펼쳐진 벚꽃과 오동나무, 단풍나무 숲은 어른들의 데이트 장소가 되었다가 아이들의 술래잡기, 나이먹기, 구슬치기, 고무줄놀이의 장이었다. 운동회 날이면 아이들보다 어른들이 더 흥분했고, 할머니, 할아버지, 외할머니 등도 모두 함께 운동장 가에 둘러앉아 점심을 먹는 가족 외식의 장소이기도 했다. 마을별로 줄다리기와 이어달리기는 마을의 자손심이 걸린 대결의 장이기도 했다. 해가 다 지도록 늦게까지 친구들과 흙먼지가 날리는 운동장에서 글러브도 없는 주먹야구를 하고, 깜깜해져서야 아쉬움을 운동장에 남겨 둔 채 어쩔 수 없이 집으로 돌아오던 때가 얼마나 많았던가?

시간이 흐르고 시대도 많이 변했고 환경도 변했다. 운동장에는 흙운동장 대신 인조잔디가 깔리고 저녁에는 가로등도 환히 밝혀졌다. 그리고 대부분의 학교에는 체육관이나 강당이 존재한다. 스마트화 교실도 생겨나고 있다. 분명 환경은 예전보다 좋아졌는데 지금의 학교는 왜 갈수록 을씨년스러울 정도로 외롭게 느껴지는 것일까? 시골의 학교는 폐교의 위기와 학교 통폐합이라는 막다른 열차를 마주할 수밖에 없을까? 과연 지금의 학교는 학부모와 지역민, 그리고 그들의 자녀이자 학교의 학생들이 교육공동체의 구성원으로서의 기능을 제대로 하도록 작용하고 있는 것일까?

퇴근 시간이 되면 급사가 타종 소리를 내고 주사님이 야간 경비를 담당하던 학교는 이제 자동으로 종소리가 울리고 자동경비 시스템으로 바뀌었다. 그래도 여전히 저녁이면 깜깜해지는 회색빛 교정, 학교는 어떤 존재일까? 이러한 질문에 답하는 것이 이 시대의 학교의 역할이고, 더 나아가 공간 혁신에 대한 우리의 자세일 것이라는 생각이 든다.

학교를 개방한다는 것은 장소나 시간을 제한하는 물리적인 제공에 그치는 것이 아니라 학교를 넘어 학생과 지역 주민과 학부모를 평생교육의 장으로 끌어들이는 것이며 더 나아가 넓은 민주시민교육의 큰 물길을 제공하는 마중물이라고 할 수 있다.

학교의 공간은 왜 개방되어야 할까?

2017년에 중국의 대학에 파견되어 근무할 때, 초등학교와 중학교 몇 곳을 방문하면서 학교마다 학교경찰관이 정복을 입고 근무하고 있는 모습이 가장 충격적이었다. 학교의 정문은 항상 굳게 닫혀 학교경찰관의 검문 없이는 학교 안으로 들어갈 수가 없었다.

하교 시간이 되어야 담임교사가 학생들을 교문 밖으로 데리고 나가 학부모의 신원을 일일이 확인한 후 학생을 인계하는 것이다. 또한 방학이 되면 대학교뿐만 아니라 초, 중등학교도 모두 교문을 잠갔다. 그러고는 학생들한테도 학교 건물은 물론이고 운동장도 개방하지 않았다. 중국의 학생들이 대부분 하나의 자녀밖에 없어 납치예방을 위해 어쩔 수 없는 조치라는 설명을 듣고 나서도 그 충격은 쉽사리 잊히지 않았다.

최근 전라남도교육감은 초중학교의 통합교육과정 운영을 준비하고 있는 것으로 알려졌다. 초등학교와 중학교의 9학년제도의 교육과정의 연속성, 공동교육과정 구성, 교원 인적 자원 교류, 공간의 공동 활용 등 인적 혁신과 공간의 혁신을 정책과제로 삼아 실현하고 있다고 한다.

초등학교와 중학교, 고등학교에서 모두 근무를 해 본 필자로서는 전라남도교육감의 정책을 환영하는 바이다. 중학교의 영어, 음악, 미술, 체육 교사 등 전문적인 교사는 초등학교에서도 일정한 연수를 거친 후에 교육할 수 있을 터이다. 또 초등학교 교사 중에서도 중등교사 자격증을 가진 교사가 많이 있을뿐더러 자율 활동, 상담 등을 비롯해 창의적 체험활동 등의 영역을 함께 지도할 수 있을 것이다.

초·중등 교사의 인적 교류는 교육의 연속성과 교육 목표 달성에 효과가 있을 것으로 기대된다. 다만, 학생, 교사, 학부모 등의 교육 구성원의 희망을 최우선적으로 고려해야 하며 교육과정 변화에 따른 법적인 준비가 있어야 한다. 또 교육양성기관의 대립과 갈등 해소도 필수적이다.

여기에 전라남도교육감은 더 나아가 서울과 전남의 초중등학생들의 학기제 유학제도를 고려하고 있다는 소식도 들려온다. 사실 코로나19로 인해 서울이나 전국 대도시 대부분의 학교는 온라인 학교로 전환되었지만, 전남의 많은 농어촌의 학교는 60명 이하의 소규모 학교가 대부분이라 전교생 등교수업으로 운영되어 왔다는 점은 코로나19의 변화 속에서 큰 장점이라고 할 수 있다. 만약, 대도시의 학교와 시골 학생들의 인적 교류를 가져온다면 그것은 대단히 고무적인 교육 효과를 가져올 수 있는 정책일 것이다.

초등학교와 중학교가 마치 다른 세계에 있는 것처럼 우리는 그동안 우리들만의 영역을 그어 놓고 그 속에서 초등학교는 초등학교대로, 중학교는 중학교대로 서로 비판하고 있지는 않았는지 또는 무관심하지 않았는지 돌아보아야 한다. 그들은 나이 한 살 더 먹었을 뿐인데 우리는 중학생이니 그들의 삶에 더 이상 책임지지 않으려 했는지도 모르겠다. 특히, 농어촌의 소규모 학교는 담을 사이에 두고, 또는 길어야 버스로 한두 정거장 사이에

초등학교와 중학교가 지리적으로 위치하고 있다. 그런데도 교류하지 않는 것은 우리들이 초등학교와 중학교라는 교육의 선을 형식적인 법률로 정해 놓았기 때문이다.

이처럼 지금의 학교는 학생들이 수업을 하는 곳으로만 설명할 수 없는 곳으로 변화하고 있다. 그리고 미래의 학교는 더욱더 개방과 배움의 장이 확대 확산되는 공간임이 분명해지고 있다. 더욱이 농어촌의 소규모 학교 는 초등학교 간의 개방과 교류를 넘어 초등과 중등의 학교급 간의 개방과 교류도 받아들여야 할 때가 도래한 것이다.

코로나19로 인해 학교라는 존재의 중요성이 더욱 부각되고 있다. 코로나 19 위기 속에서 우리는 학교교육이 더 이상 대면 교육만으로 이루어지지 않으며, e스쿨, 사이버 스쿨, 비대면 플랫폼에 대비한 준비가 필요함을 인식하게 되었다. 다른 한편으로 대면 교육과 학교현장의 중요성을 더욱 절실하게 느끼는 계기가 된 것도 분명하다. 특히, 전남의 농어촌은 60명 이하의 소규모 학교가 대부분이어서 코로나19의 사회적 거리두기 단계에 구별 없이 대면 수업을 하고 있다. 이러한 현실은 학교가 시간과 공간 등에 구애받지 않고 개방과 확대의 현장에 적극적으로 대비해야 함을 여실히 보여 주고 있다. 이제 학교 공간의 개방은 선택이 아닌 필수인 것이다.

학교 공간, 학생만을 위한 공간일까?

　학교 공간 혁신이 요즘 화두이다. 그동안 학교는 일제 이후 획일적인 내외의 공통적인 요소와 구조를 지닌 채 흘러왔다고 해도 과언이 아니다. 2000년대 초 열린 교육이라고 하여 교실 문을 없애고 열린 교실이라는 시도도 있었으나 그 또한 시행착오와 준비 부족 등으로 세월의 쓰레기통에 잠자고 있다. 공간 혁신은 교장이나 몇몇 교사의 주도로 이루어지는 것이 아니다. 교육과정의 주체인 학생을 얼마나 참여의 장으로 끌어내어 진정으로 학교 구성원의 한 축으로 인정하는가에서부터 출발할 것이다.

　의신초등학교의 공간 혁신은 아주 작은 것에서 시작되었다. 학교에서 유휴 공간이 되었고, 본관과 멀어서 활용도가 떨어지는 영어타운을 어떻게 활용하면 좋을지에 대한 학교 구성원들의 작은 고민이 그것이다. 학교에서는 공간 혁신이 학생들의 참여 없이는 실효성이 없음을 깨닫고 학생들을 적극적으로 끌어들이기로 했다.

　또 하나의 고민은 도시와 달리 학교의 시설물과 운동장은 넓은데 학생 수는 갈수록 적어지는 현실에 있었다. 밤이 되면 썰렁하고 어두워진 학교의 넓은 공간이 무서워지기까지 한다. 따라서 학교 구성원들은 학부모와 마을 주민 그리고 의신면 청년회에게도 학교 공간을 함께 쓸 방안에 대해 의견을 묻기로 한 것이다. 주민들과 학부모, 또바기마을학교를 운영하고 있는 의신면 청년회에서는 회의 공간과 커피를 마실 수 있는 장소가 있었으면 좋겠다는 의견이 많았다. 그리고 학교 운동장에는 가로등과 휴식 공간 등이 있었으면 좋겠다는 의견들을 제시했다.

학교에서는 학부모, 마을 주민들의 의견을 수렴하는 과정 이외에 학생들이 학교 공간에 대한 관심과 참여를 유도하기 위하여 별도의 프로젝트를 만들기로 했다.

첫 번째로, 교육과정을 운영하기 위한 최적의 조건을 고민하고 전교생에게 공간 혁신의 개념과 필요성을 깨닫도록 전교생을 참여시켰다. 따라서 창의적 재량활동 시간에 전교생과 함께 우리 손으로 우리가 살아가야할 공간을 바꾸기 위한 설문조사를 했다. 그러면서 1~6학년까지로 구성된 자치기구인 여섯 띠앗 모임의 모둠별 마인드맵 등을 활용하여 영어타운에 있었으면 하는 시설물들의 배치에 대해 함께 아이디어를 나누는 시간을 가졌다. 여기에 시간과 공간을 달리하여 교직원들과 지역 주민들도 함께 활용할 수 있도록 하면 좋겠다는 의견을 받아들이기로 했다.

두 번째로, 학교 공간 혁신의 중추적인 역할을 할 4~5학년을 중심으로 학교에 초빙된 설계사인 컨설턴트와 함께 11시간을 들여 공간 혁신에 대한 구체적인 참여를 시작했다. 컨설턴트는 학생들의 아이디어에 대한 피드백을 하고 실제로 영어타운을 방문하여 공간 구성과 배치를 함께 고민했다.

세 번째로, 학생들에게 목공을 가르쳐 학생들이 원하는 구조물을 나무를 이용하여 미니어처를 만들어 보게 했다. 학생들은 톱질과 못질하는 공부를 무척 즐거워했다. 우리 학교 학생들이 생각하는 영어타운의 시설물은 지역 주민들의 회의 공간과 이야기를 나누며 간식을 살 수 있는 작은 카페, 놀이 공간, 작은 영화관 등이다. 현재도 진행 중인 학교 공간이 어떻게 탄생할지 학생들과 함께 기대를 갖고 지켜보고 있다.

현재 학교 운동장에는 밤마다 환한 가로등이 켜져 있어 마을 주민들의 건강 걷기와 체력활동을 할 수 있는 공간, 어린아이들이 시간에 구애 없이 놀 수 있는 모래놀이장, 대화와 휴식을 할 수 있는 해먹의자, 그리고 해먹 주변에 간이 책장을 마련하여 언제든지 책을 읽을 수 있도록 시설을 준비해 놓고 있다.

그동안 사용하지 않고 습기가 가득했던 영어체험교실이 공간 혁신으로 리모델링되면 어떨까. 학생들은 서로 이야기를 나누고, 회의를 하고, 음식 만들기를 하고, 영화도 볼 것이다. 학생들이 끼를 발산할 수 있는 무대가 설치되고, 학부모와 마을 주민들은 농사일을 마치고 카페에서 음식과 음료를 나눌 것이다. 그런 공간으로 탈바꿈할 때, 학교 공간은 학생과 교사들의 소유물이 아니라 마을 주민과 마을학교와 함께 이용하는 마을공동체 공간으로 살아날 수 있다. 모쪼록 이 공간이 우리 학교, 마을학교, 마을의 크고 작은 문제를 해결하는 장소로 활성화되기를 간절히 바란다.

학생자치의 꽃, 여섯 띠앗 모임은 이렇게

아이들은 자신들의 조직을 좋아한다. 우리 학교의 여섯 띠앗 모임은 교사의 인위적인 조직이 아닌 자신들만의 방식인 뽑기를 통해 1학년부터 6학년까지를 포함하는 자치동아리가 조직되었다. 아이들끼리 회의를 통해 자신들의 모둠 이름과 모둠 노래를 만들어 가는 모습을 보니 이렇게 적극적일 수가 없다.

학교와 교사는 그 모임 마당만을 제공해 주었는데 6학년 학생들과 5학년 주도하에 자신들의 모둠원을 보듬고 도와주는 모습이 마치 가족을 아끼고 챙기는 모습과 너무 흡사하다. 학생들은 쉬는 시간과 자투리 시간을 통해 그들의 모임을 시작하고 의사결정을 스스로 하기 시작하는 것이다. 태블릿을 이용하여 모둠을 대표하는 노래를 만들기 위해 협의하는 과정을 몰래 지켜보니 누구 하나 싫고 귀찮다 하지 않고 즐기고 있음을 느낄 수 있었다.

학생들은 여섯 띠앗으로 함께 텃밭을 가꾸고, 함께 운동장에 모여 전교생이 공을 차기도 한다. 앞으로 여섯 띠앗 모임을 형들이 앞에서 끌어 주고 동생들이 뒤에서 밀어주며 나갈 모습을 기대해 본다. 분명 자치 능력 향상으로 학생들은 마을학교 운영에 단순히 피교육생으로 참여하는 것이 아니라 마을교육과정의 중요한 아이디어를 만들어 내는 주체로 성장할 것으로 기대한다.

전문적 학습공동체는
어떤 모습이어야 할까?

　웃픈 현실이지만 교사들의 조직을 이야기할 때 교사들의 모임이 모래알 같다는 소리를 많이 한다. 그만큼 단단하지 못하고 손가락 사이로 모래알이 빠져나가듯 제각각이라는 우리의 부끄러운 조직문화의 일면을 일컫는다고 할 수 있다. 교육부나 교육청에서는 교직원의 조직문화를 바꾸기 위하여 여러 가지 대안과 방향을 제시해 주고 있다.

　그중의 하나가 회의 문화 개선이다. 일방적인 전달식 회의를 지양하고자 의전용 회의 도구를 없애기 시작했다. 교육 행사와 프로그램 운영에 대한 교직원의 상향식 토론문화를 독려하는 공문을 통해 방향을 제시하기도 한다. 교직원 간의 토론과 토의가 교육과정 운영에 반영되도록 실질적으로 하자고 이야기하지만 우리의 현실은 이상을 따라가지 못하고 있다. 교사들이 교직원회의 시간에 몰래 핸드폰을 보고 종이에 낙서를 하며 지루한 시간을 보내지 않고, 교직원회의 시간이 기다려지고 자신의 업무에 대한 부담감을 함께 나누는 소통의 장이 될 수는 없을까?

　우리 학교의 전문적 학습공동체(전학공)는 교사들 각자의 어려움을 함께 공유하고 협력의 아이디어로 문제를 해결하고자 하는 작은 실천에서 시작되었다. 교사들은 협의실을 마치 카페로 생각한다. 카페에서 편안한 마음으로 차를 마시며 이야기를 나누듯이 교사들은 그곳에서 문제를 해결하고 협력을 구한다. 1, 2학년 선생님은 먹을 것을 잘 만들어 선생님들의 입을 즐겁게 한다. 우리 학교에 첫 발령을 받은 신규 선생님은 카페의 총무를 맡아 필요한 간식을 준비한다. 게다가 이제 시간이 지나니 선배 교사들의 회의 자료나 교육 자료를 더 빨리 준비하고 공유한다. 누가 시키지 않았는데도 오히려 선배 교사를 챙기는 모습을 보면 감동이 밀려온다. 이 카페에서는 누구라도 토의할 것이나 의견을 구하고 싶어 하면 모두가 나서서 조언을 한다.

이상한 일이다. 자신의 업무에 대한 고민을 나누고 있노라면 나의 고민이 우리 모두의 문제와 책임으로 바뀌는 장면을 목도하게 된다. 공개수업을 앞두고 있으면 혼자 고민하지 않는다. 수업에 대한 진지한 고민을 수업 전에 미리 이야기 나누다 보니 상처를 입지 않고, 공개수업 당일에도 당황하는 일 없이 부담이 줄어드는 것은 어쩌면 당연할지도 모른다. 수업에 대한 고민은 나의 문제가 아니라 우리 모두의 문제라고 자각하는 것이다. 함께 고민하기 때문일 것이다.

학교문화와 분위기는 대부분은 관리자가 좌우한다고 한다. 지시형의 관리자로는 협력과 상생의 학교문화를 이루기 힘들다. 관리자가 교사를 믿고 교사의 자발성을 격려하고 지지해 줄 때 교사의 잠재력과 협업의 힘은 극대화될 것이다. 또한 교사들은 자신의 교실에서 벗어나 이웃의 선생님들과 다양한 교류를 통해 협력의 장(場)으로 나설 때 우리의 교육공동체는 더 큰 힘을 발휘할 것이다.

더 바람이 있다면 교무실도 카페처럼 들썩였으면 좋겠다. 공간을 가로막고 있는 가림막을 없애고, 아침에 반가운 손님을 맞이하듯 커피를 마시며 서로 인사와 대화를 나누고, 정보를 공유하는 공간으로 바뀐다면 더할 나위 없이 좋을 것 같다.

3장

독서는
학생들과 함께

아침 사제동행 독서

　아침 사제동행 독서의 의미는 무엇일까? 비록 짧은 아침 시간이지만 학생들에게는 아침에 읽은 책을 그날 오후에 집에서도 지속적으로 책을 읽도록 하여 결국은 평생 독서가로 만드는 습관 형성에 있다고 하겠다. 따라서 독서지도의 가장 좋은 방법은 학생들이 독서를 할 때는 교사도 다른 일을 하지 않고 함께 독서를 하는 것이다.

　교사가 책을 읽으면 학생들은 자연스럽게 책을 읽게 되어 있다. 같은 이유로 학생들이 글쓰기를 하거나 미술 작품을 만들 때 교사도 함께 글을 쓰고 미술 작품을 만드는 것이 가장 좋은 모범이라고 생각한다. 그 작은 실천이 결코 쉬운 일이 아니라는 것을 알기에 교사들은 날마다 여러 업무들 사이에서 몸부림을 치고 있는지도 모른다.

　다음의 기록은 아침 사제동행의 실천이라는 작은 몸부림의 결과이다. 학생들에게만 독후감을 쓰라고 하는 것보다 교사도 읽은 책을 독후감으로 정리하여 보여 준다면 더할 나위 없을 것으로 생각된다.

『이야기 중국사』

코로나19로 온라인 개학이 늦어지면서 진도의 의신초등학교에 발령받아 처음으로 읽은 책이다. 나는 평소 중국의 역사와 문화에 관심이 많았는데, 교무실 서재에서 이 책을 발견했다. 친절한 교무행정사에게 부탁하여 일주일 만에 재미있게 읽었다. 중국 역사를 야사 중심으로 다룬 책으로, 중국의 주요 인물들이 사건 위주의 스토리로 전개되어 쉽게 읽힌다.

교무실에 반납하면서 제일 뒷장에 편지와 연락처를 남겼다. 다음 독자가 나에게 연락해 온다면 중국 여행과 중국 문화 공부에 도움을 주겠노라고… 장난기가 발동하여 중국어로 쓴 이 비밀편지가 누군가에게 빨리 들통이 나기를 기대해 본다.

-2020년 3월 31일에 읽다. (김희영 지음, 청아출판)

『먼 바다』

"사랑하는 사람들에게는 사랑한다고 말하고 미워하는 사람들에게는 날씨가 춥죠?"라고 말하는 것 외에 또 무슨 말이 필요할까? 그녀의 어머니가 말하기를 "40년 전의 첫사랑을 만나 이별과 재회의 과정의 먼 바다의 수수께끼를 찾아가는 것이다."

이 책을 읽으며 이런 생각이 들었다. 작가 공지영은 왜 하필 마지막 편지의 추신으로 이 소설이 허구라고 기어이 적어 놓았을까? 허구인 줄 다 아는데 말이다. 혹시, 자신의 개인적 사생활로 투영되지 않으면 하는 사전 포석일까?

19살 첫사랑이 이제 환갑을 앞두면 분노와 배신도 다 이해되는 나이가 아니겠는가. 이렇게 묻고 있지만 소설 속의 그녀도, 그 남자도, 그리고 나도 물론 첫사랑을 잊을 수가 없을 것이다. 먼 바다에서 다시 만난다면 나는 어떤 떨림으로 마주할 수 있을까? 고민의 먼 바다를 헤아려 본다.

-2020년 4월 8일에 읽다. (공지영 지음, 해냄출판)

『48분 기적의 독서법』

이 책은 올해 학교를 옮기자 목포경찰서 학교폭력 담당 경찰관인 고00 경위가 보내 준 5권의 책 중 한 권이다. 작년에 학교폭력 담당 교사로 있을 때 인연을 맺은 분인데, 학교를 옮기자 귀한 선물을 보내 주었다. 그 고마운 마음을 잊지 못해 읽게 되었다.

이 책에는 왜 많은 책을 읽어야 하는지, 그 당위성을 자신의 경험을 토대로 이야기해 준다. 작가는 바람에 떨어지는 낙엽을 보고 자신도 언젠가 저 낙엽처럼 직장에서 쓰임이 다 되면 버려질 것이라는 생각이 들면서 자기 모습이 투영되었다고 한다. 그래서 과감하게 대기업인 삼성에 사표를 내고 가족과 함께 부산으로 내려갔다.

작가는 도서관에서 1년에 3,000권을 독파한 다독의 경험으로 독서 습관의 중요성을 거듭 강조한다. 작가가 들려준 안중근 의사의 이야기가 기억에 남는다. 사형 집행을 당하기 전 마지막 소원을 묻자 그는 "나에게 5분만 시간을 달라. 아직 다 읽지 못한 책이 있다"라고 말하고 책을 마저 읽은 후 사형장의 이슬이 되었다고 한다. 그만큼 독서가 중요하다는 말이 아닌가.

-2020년 5월 10일에 읽다. (김병완 지음, 미다스북스)

『1년 만에 중국어 통역사가 된 비법』

이 책의 제목은 중국어 공부를 제법 오랫동안 했다고 생각한 나를 도발했다. 저자는 중국어 학습에 경험이 부족했던 작가가 중국 유학을 가서 어떻게 중국어를 잘하게 되었는지를 이야기한다. 중국 유학을 가서 100점을 맞기 위해 열심히 공부한 결과 목표를 이루었다는 것이다. 그는 중국어 공부는 목표를 세우고 해야 한다고 조언한다. 그리고 쉬운 동화책부터 슬램덩크 만화 중국어, 드라마를 통해 공부를 하면 좋다고 전한다. 마지막으로 회화를 하려면 쉬운 것부터 완벽하게 하라고 조언한다.

나도 다시 처음으로 돌아가리라. 쉬운 회화부터 완벽하게 하려고 노력해야겠다고 다짐해 본다.

-2020년 6월 5일에 읽다. (조자룡 지음, 슬로디미디어)

『중국인 거리』

6·25 전쟁 이후 인천의 중국인 거리에서 자란 사춘기 소녀의 성장소설이다. 8명의 동생을 둔 소녀가 겪어야 하는 고통과 시대적 아픔에 마음이 아려 온다. 마지막의 초경(初經)이 시작되는 장면의 묘사는 어둡고 긴 터널을 뚫고 나와 여인으로 성장하는 삶을 예견하는 듯한 모습이 인상적이었다.

-2020년 6월 24일에 읽다. (오정희 지음, 아시아)

『语文(一年级, 上册)』

중국 초등학교 국어 교과서이다. 내 관사에는 인터넷과 텔레비전이 설치되어 있지 않다. 처음에는 아주 답답하고 무료했으나 차차 시간적인 여유가 생겨 아침이나 저녁에 학교 운동장을 돌며 이 책을 읽었다.

1학년부터 6학년 국어 교과서를 갖고 있는데, 1학년 국어 교과서도 어렵다는 생각이 든다. 우리나라의 교과서보다 책 크기가 작고 도안이나 색상이 단조롭다. 특이하게도, 교과서에 사진은 하나도 없이 모두 손수 사람이 그린 삽화가 들어 있다. 학생들에게 보여 주었더니 신기하다고 쳐다보는데, 무슨 말인지 모르겠다고 손사래를 친다. 아이들에게 가끔씩 짧은 중국어를 가르쳐 주어야겠다.

- 2020년 7월 4일에 읽다. (강소교육출판사(江苏教育出版社): 在中国的一年级学生课文)

『중국 사람 이야기』

중국 근대 소설가인 천중수의 소설『위성(圍城)』을 읽다 보면 "天下只有两种人, 比如一串葡萄到手, 一种人挑最好的先吃, 另一种人把最好的留到最后吃, 照例第一种人应该乐观, 因为他每吃一颗都是吃剩的葡萄里最好的; 第二种人应该悲观, 因为他每吃一颗都是吃剩的葡萄里最坏的, 不过事实却适得其反, 缘故是第二种人还有希望, 第一种人只有回忆。"라는 말이 나온다.

세상에는 두 종류의 사람들이 있는데, 포도송이를 예로 들면 한 유형의 사람들은 제일 좋은 포도송이를 먼저 먹고, 다른 사람들은 제일 좋은 포도송이를 남겨 가장 나중에 먹는다. 첫 번째 유형은 낙관적이기 때문에 한 알씩 먹을 때마다 남은 포도 중에서 제일 좋은 것을 먹는다. 두 번째 유형은 비관적이기 때문에 한 알씩 먹을 때마다 남은 포도 중에 제일 상한 것을 먹는다. 그렇지만 사실은 그 반대의 이유로 두 번째 유형은 아직 희망이 남아 있고, 첫 번째 유형은 오직 추억만 남을 뿐이다.

좋은 것을 먼저 먹느냐 나중에 먹느냐의 선택은 사람마다 다르다. 처음 행복에 취해 나중에 고통 속에서 과거의 행복을 추억하며 살 것인지, 아니면 지금 고통을 인내하며 인생의 후반전에 행복을 누릴 것인지 사람의 선택은 본인의 것이다.

『중국 사람 이야기』 책에는 중국 사람들의 꽌시 문화가 잘 드러나 있다. 한국과 중국의 변할 수 없는 지리적·역사적·문화적·정치적 영향에 대한 설명이 드러나 있으며, 한국 사람과 중국 사람의 친구라는 관점의 차이가 눈에 띈다. 한국 사람은 보통 같은 또래나 나이가 비슷한 사람을 친구라고 하는데, 중국 사람은 나이로 친구를 삼지 않는다. 생각이 같거나 친해지면 나이와 성별을 불문하고 친구가 되는 것이다.

실제로 중국 사람들의 친구 모임을 보면 나이와 성별, 미혼인지 기혼인지와 상관없이 즐겁게 모임을 하곤 한다. 우리처럼 나이에 따라 서열이 구별되는 문화가 과연 옳은 것인지 생각해 보게 한다. 물론 우리나라의 상하관계를 예절이 바른 문화라고 생각하고 좋은 시각으로 보는 중국인도 많다.

이 책에는 또 중국 사람들의 혼인에 대한 생각도 잘 드러나 있다.

소설 「위성(圍城)」에는 "婚姻是一座围城, 城外的人想进去, 城里的人想出来。"라는 말이 나온다. "결혼은 한 채의 성곽이라고 할 수 있다. 성곽 밖에 사는 사람들은 성곽 안으로 들어가고 싶어 하고, 성곽 안에 살고 있는 사람들은 성곽 밖으로 나가고 싶어 한다"는 뜻이다. 비단 중국 사람뿐만 아니라 우리나라 사람들도 그렇지 않을까? 오늘날 황혼 이혼이니, 졸혼이니 하는 말을 쉽게 들을 수 있으니 말이다.

-2020년 7월 24일에 읽다. (김기동 지음, 책들의정원)

『82년생 김지영』

여름 방학 첫날 이 소설을 읽었다. 나와 13년이나 나이 차이가 나는 신세대의 이야기인데, 처음 읽기 시작할 때는 그들이 고생을 했으면 얼마나 했을까 하며 부정적인 시각으로 읽었다. 그런데 읽어 가면서 점차 그들의 삶에도, 가정이나 학교, 직장에서 겪어야 하는 여성에 대한 편견·폭력·성희롱·차별은 여전히 과거에 비해 하나도 더 나아진 것이 없다는 것에 공감하게 되었다. 오히려 과거엔 차별인지도 모르고 지나쳤던 것을 김지영 세대는 알면서도 입을 닫고 살아가야 했던 것이다. 1980년대, 1990년대생들은 아직 세상 물정을 모르고 산다고 여겼던 나의 선입견에 발등을 찍는 심정으로 반성을 하게 되었다. 수많은 김지영 세대에게 용서를 구하며 살아가야겠다는 생각을 해 본다.

-2020년 8월 14일에 읽다. (조남주 지음, 민음사)

『쉬는 시간에 똥 싸기 싫어』

이 시는 참으로 편안하고 쉽게 읽힌다. 그러면서도 긴 여운을 느끼게 한다. 마치 어린아이들이 눈을 솜사탕이라고 표현하는 것처럼 현상과 사물에 대한 인식을 짧은 언어로 공감하게 만들어 버린다.

그래, 맞아, 쉬는 시간에 똥 싸기 싫은 것이 당연하지. 쉬는 시간에 똥을 싸면 여러 사람이 한꺼번에 화장실을 사용하니 똥 냄새도 그렇고 아이들이 혹시나 화장실 문 위로 얼굴을 내밀며 놀릴까 봐도 그렇고. 아, 그렇구나! 그래서 우리 반 회율이가 수업시간에 자주 화장실에 가는 것일까? 이제는 화내지 말고 회율이한테 물어봐야겠다.

이 시집 중 「점」이라는 제목의 시를 보면 선생님도 방귀를 뀌고 꼬르륵 소리를 내는 것을 알게 되면서부터 선생님이 점 점 점 안 무서워지고, 점을 뺀 선생님의 얼굴에서 남은 점을 찾기 시작했다는 표현이 나온다. 학생의 입장에서 표현하고자 하는 사물이나 사람을 바라보는 시각은 참 압권이다.

또 다른 시 「달팽이」를 보면 달팽이가 집에 들어갈 땐 뒷걸음이 최고라는 표현이 나온다. 그래야 천천히 그리고 오래도록 세상 구경할 수 있으니까.

참 오랜만에 즐거운 시집을 만났다. 쉽게 쓰인 시가 아니라 쉽게 읽히는 시를 써야 한다. 나는 언제쯤 이런 시를 쓸 수 있을까?

-2020년 9월 10일에 읽다. (김개미 지음, 토토북)

『터널』

터널을 파야만 하는 암수 토끼 커플을 통해 인간이 모르는 자연파괴 현상을 꼬집은 노르웨이의 동화책이다. 그림들이 아주 좋다. 학생들에게 미술시간에 그려 보게 하면 좋을 듯하다.

-2020년 10월 4일에 읽다. (헤게 시리 지음, 책빛)

4장

학교
밖에서
만난 지혜

손을 놓아야 자유를 얻는다

　작년 봄, 5학년 학생들을 데리고 유달야영수련장에 수련활동을 다녀왔다. 첫 코스가 암벽등반인데, 몇몇 학생들이 높이 17미터의 인공암벽에 도전하여 정상에서 종을 치고 여유롭게 내려오는 모습이 아주 보기 좋았다. 중간에 포기하거나 처음부터 겁을 먹고 도전하지 못하는 친구들도 많았다. 나는 더 나이 먹으면 못해 볼 것 같아 처음이지만 도전해 보고 싶었다. 물론 학생들에게 도전하는 모습을 보여 주고 싶은 마음도 컸다.

　처음엔 별것 아닌 것 같아 쑥쑥 올라갔다 강사가 알려 준 대로. 그런데 막상 정상 높이에 도달하자 손아귀에 힘이 빠지기 시작하고 무척 힘들었다. 또 아래쪽을 보지 말아야 하는데 한 번 보고 나니까 팔과 다리가 더 후들거렸다. 도저히 못 버티고 포기하려는데, 사실 포기하려면 손을 놔야 하는데 손을 놓기가 너무 겁이 났다. 학생들은 "선생님, 화이팅. 힘내세요." 하며 응원을 했다. 나는 손을 못 놓고 버티기를 5분쯤 하다, 어찌어찌해서 손을 쭉 뻗어 종을 치는 데 성공했다.

　성공했으니 멋지게 손을 놓고 하강을 해야 하는데, 안전선이 있건만 그 손을 못 놓고 또다시 벽에 있는 손잡이를 잡고 버티기를 시작했다. 강사

선생님이 손을 놓으면 된다고 안심을 시켜 주고, 나도 손을 놓으면 된다고 분명 머릿속으로는 알고 있는데 손을 놓을 수가 없었다. 너무나 불안해서, 무서워서… 결국 힘이 다 빠져서야 자포자기하는 마음으로 손을 놓자 정말 믿기지 않게 안전하게 착지를 할 수 있었다. 나는 꽉 잡은 손을 놔야 편안해지고 행복해짐을 깨달았다. 욕심을 버려야 내가 산다는 것도 어슴푸레 알게 되었다.

법정 스님이 소유하지 않는 것은 가지지 않는 것이 아니라 가지고 있는 것을 버리는 것이라고 왜 말씀하셨는지, 무소유가 무엇인지 조금이나마 알 것도 같았다. 우리 학생들도 버려야 자신이 산다는 것을 알게 되었기를 바란다.

부산 여행 단상

　작년 여름방학에 연수가 있어 부산에 다녀왔다. 중국 대학생(신라대 교환학생)과 약속이 있어 부산 남포동 국제 영화제(biff) 거리에서 만나 커피 한잔을 했다. 저녁을 먹을 시간이 되어 커피숍 사장님께 맛집 소개를 받았다.

　'진호돼지국밥.' 부산은 돼지국밥이 유명하다고 한다. 국밥집에 들어가니 종업원인 듯한 덩치 큰 총각이 "어서 오세요"라고 큰 소리로 반갑게 맞이하는가 싶더니, 바로 자리에 앉아 핸드폰 게임을 한다. 소리도 지른다. 나는 속으로 이 집 종업원이 참 예의가 없구나 하고 생각했다.

　중국 대학생과 자리에 앉고서 주문을 하려는데, 그 종업원은 응대를 하지 않고 여전히 게임 삼매경이다. 한참 뒤 할머니 한 분이 나와 그 종업원을 야단치며 우리에게 주문을 받는다.

　나는 중국 대학생에게 "저 총각이 정신적으로 이상이 있는가 보니 기분 나쁘게 생각하지 마"라고 말했다. 혹시라도 할머니와 그 총각에게 들릴까봐 중국어로 속삭였다. 우리는 돼지국밥을 주문하고 중국어로 대화하면서 식사를 했다.

　그런데 할머니가 조용히 다가오더니 중국 사람이냐고 물었다. 우리가 대화하는 것을 다 알아들었다고 한다. 나는 얼굴이 빨개지며 방금 한 말에 대해 급히 사과했다. 할머니는 중국 길림성에서 한국에 온 지 20년이 넘으셨다고 한다. 그러면서 할머니는 용서를 받으려는 것이 아니라며, 혹시 이 청년을 모르냐고 물으신다.

그 할머니 말에 의하면, 그 총각은 장애인 국가대표 수영 선수라고 한다. 배영 세계기록 보유자인데 지금은 은퇴하여 어머니와 함께 이곳에서 '진호돼지국밥'을 운영한다는 것이다. 우리는 다시 한 번 깜짝 놀랐다. 나는 인터넷 검색을 해서 김진호 선수가 어떤 삶을 살아왔으며, 그의 부모님이 아들에게 얼마나 헌신적인 사랑을 쏟았는지를 알게 되었다.

국밥을 거의 다 먹을 무렵 김진호 선수의 어머님이 주방에서 나와 우리와 이야기를 나누었다. 진호돼지국밥 집에서 오해는 사라지고 국밥 국물을 말끔히 마시고 나왔다.

일상에 감사하자. 다른 사람을 대할 때 더욱 조심해야 함을 깨닫게 해준 김진호 선수에게 고마운 마음이 들었다. 김진호 선수가 식당 문을 나서는 우리에게 큰 소리로 "안녕히 가세요." 한다. 그러고는 다시 게임에 빠지며 행복한 미소를 짓는다.

한때의 분을 참으면 백일의 근심을 면한다

코로나19로 수업일수가 단축되고 방학도 짧아졌다. 8월 15일 광복절에 서울사랑제일교회에서 시작된 확진자는 무려 1,000명이 넘어서고 있다. 방역당국과 정부를 비웃듯이 검사에 응하지도 않고 집회에 참여한 사실도 숨기고 전국으로 흩어져 감염경로를 알 수 없는 상황에 이르렀다. 이에 따라 외출이나 모임, 방문을 삼가라는 공문을 받은 터라, 2주간의 방학에 휴가는커녕 가까운 곳으로 외출도 하지 못하고 집에 있어야만 했다.

방학이 되자 아내는 그동안 시골 학교의 관사에서 혼자 사느라 수고했다며 집에서 휴식을 취하라고 했다. 저녁이면 맛있는 반찬도 해 놓고 먹을거리도 냉장고에 넣어 주면서 말이다.

그런데 한 일주일이 지나가면서 뭔가 이상한 기분을 감지했다. 처음과 달리 아내는 짜증이 섞인 목소리로 '방학은 언제 끝나는지?', '친구들과 모임은 없는지' 자꾸 물어보기 시작했다. 처음엔 일부러 못들은 척도 하고 학교에서 공문이 오기를 밖에 외출하지 말라고 했다며 핑계를 댔다.

방학 10일이 넘어가자 이제 서로의 감정이 폭발하기 시작했다. 대개 부부 싸움은 아무것도 아닌 것으로 시작하게 되는 경우가 많다. 그날도 사소한 문제로 싸우다가 급기야는 인신공격까지 하게 되고, 그 옛날 문제까지 들추어내고 말았다. 게다가 해서는 안 되는 말까지 하고 말았다. 서로 며칠 동안 말을 하지 않았다. 사실 아내와 나는 서로 화해하고 싶은데, 자존심 때문에 먼저 용서를 구하지 못하고 미안하다는 그 짧은 말을 못해 입안에서만 웅얼거리고 있었다.

지난밤에도 말을 하지 않고 서재에 앉아 아무 책이나 꺼내어 뒤적이고 있을 때였다. 그러다 오래된 수첩을 발견했다. 가만히 들여다보니 돌아가신 장인어른의 유품이었다. 장인어른은 내가 아내를 만나기 전에 돌아가셨다. 살아생전 만나 뵌 적은 없지만 한자와 한글 서예를 잘 쓰셨다고 전해 들었던 터라 조심스레 수첩을 열어 보았다. 바른 글씨체로 하루의 일과 계획, 집안의 대소사가 깨알같이 적혀 있었다.

내가 정작 놀란 것은 수첩의 제일 마지막 페이지에 적혀 있는 글귀였다. "忍一時之憤이면 免百日之憂라"(한때의 분을 참으면 백일의 근심을 면한다). 수첩의 마지막 페이지에 적힌 이 글귀가 내 가슴 한구석을 파고들었다. 장인어른이 나에게 말없이 꾸지람을 하시는 것 같았다. 나는 드디어 용기를 내어 아내에게 다가가서 조용히 장인어른의 수첩을 보여 드렸다. 그리고 아내에게 말했다. 분을 참지 못하고 화를 내서 미안하다고… . 장인어른은 어쩜 이렇게 글씨도 잘 쓰시고 적절한 말씀을 하셨을까.

아내도 미안함을 감추지 못하고 미소와 수줍음으로 사과를 대신한다. 코로나19가 많은 시간을 가정에서 보내야 하는 가족들에게도 힘든 과제를 준 것은 분명하다. 하지만 그 위기를 슬기롭게 이겨 낼 곳도 가정이다.

새벽 시계

어머니는 까까머리 중학생인 나를 새벽부터 깨우십니다. "계풍아, 영광 아짐네 닭 우는가 나가 봐라." 투덜투덜 하품 소리를 고무신에 끌며 영광 아짐네 집 앞에서 새벽닭이 울기를 기다리며 쪼그려 앉아 꾸벅꾸벅 졸고 있습니다. 마침내 닭이 "꼬꼬댁" 울면 나는 동네에서 제일 꼭대기 집에 있는 우리 집까지 한달음에 달려와 말합니다. "엄마, 금방 닭 울었어." 그리고 얼른 따뜻한 아랫목으로 한달음에 몸을 숨깁니다. 그리고 두 눈만 동글동글 내밀고 밖을 쳐다봅니다.

어머니는 그제야 꽈리고추며 가지, 오이를 보따리에 단단히 매어서 이고 새벽시장으로 가는 차를 타기 위해 떠나십니다. 새벽시장으로 떠나는 어머니의 등 뒤로 아들은 잊지 않고 말합니다. "엄마, 올 때 붕어빵 사 오는 거 잊지 마." 붕어빵 한 봉지를 꿈꾸며 까까머리 중학생 아들은 깊은 잠을 잡니다.

어머니, 시계 하나 제대로 없던 그 시절이 이제 와서 왜 그리운지 모르겠습니다. 서러운 쉰둘, 시간만 되면 자동으로 울어 대는 저 뻐꾸기를 보노라면 왜 그리 새벽 닭 울음소리가 그리울까요? 또 그 시절의 고향이 생각날까요? 농사 지어 새벽시장에 물건을 팔고 다시 집으로 돌아와 농사지으시던 어머니. 다리를 절뚝이며 야윈 얼굴로 지금도 새벽에 일어나시는 평생 습관을 숨기지 못하고 집안 정리하시는 모습을 안타까운 마음으로 바라봅니다.

까까머리 중학생 나이만큼 먹은 손자는 알고 있을까요? 닭 울음소리로 시계를 대신했던 어머니의 인생을… 해가 정오 나무에 걸렸어도 잠자리에 있는 어머니의 손자는 그 시절을 알고 있을까요?

주먹과 주목의 차이

올해는 코로나19의 영향으로 입학식 없는 개학이 시작되었다. 처음으로 학교에 오는 1학년들에게 입학식 없이 온라인으로 수업을 하다니 안타까웠다. 그런데 며칠 지나 1학년들이 입학식을 하게 되어 참 다행이라는 생각이 들었다. 입학생들을 바라보고 있자니 나의 첫 입학식이 떠올라 입가에 미소가 생긴다.

처음 학교에 입학한 날, 나는 '주목'과 '주먹'을 구별하지 못해 난처한 일을 겪었다. 입학한 날 아침, 일찍 일어나 왼쪽 가슴에 큼지막한 흰 손수건을 달았다. 엄마를 재촉해 손을 잡고는 얼른 학교로 달려갔다. 오랫동안 기다렸던 날이지만, 한편으로는 긴장되었고 다른 한편으로는 무척 흥분되었다. 그 시절에는 지금처럼 학생 수가 많지 않아, 선생님이 직접 학생들을 면접했다. 면접이라야 기껏 신체적인 조건을 알아보고 자기 이름을 쓸 수 있는가 정도였지만, 나는 떨어지면 입학을 할 수 없을 것 같아 불안하고 초조했다. 교감 선생님께서는 그런 나를 보며 참 똑똑한 아이라며 머리를 쓰다듬어 주었다.

지금 생각해 보면, 제 이름 하나 쓴다는 게 무어 그리 똑똑했을까 싶어 웃음이 난다. 나는 1학년 2반이 되어 담임 선생님과 함께 교실로 들어갔다. 담임은 남자 선생님이었는데 연세도 많은 데다 무서운 얼굴을 하고 있었다. 선생님은 신입생이 지켜야 할 일에 대해 조목조목 알려 주었다. 그러다 학생들이 떠들면 교탁을 두드리며 "주목, 주목." 하고 외쳤다. 나는 그 말이 주먹을 불끈 쥐고 손을 들라는 말인 줄 알았다. 그래서 재빨리 손을 들어 올렸는데, 나 외에는 아무도 손을 들지 않았다. 여기저기서 웃음소리가 터져 나왔다. 선생님은 나를 보며 웃음을 지을 뿐 아무 말도 없었다. 얼마쯤 지나 선생님은 다시 예의 그 "주목, 주목, 주목"을 외쳤다. 그때도 아무도 주먹을 쥐지도 않고 손을 들지도 않았다. 계속해서 외치는 선생님의 그 말씀이, 말을 안 들으면 주먹으로 때리겠다는 말인 줄 알았다. 그래서 나는 책상 밑으로 슬그머니 손을 집어넣었다. 그러곤 선생님 말씀을 잘 듣겠다는 생각에 남들이 보지 못하도록 불끈 주먹을 쥐었다.

올해 9명의 작은 고사리 같은 아이들에게도 나름의 꿈이 있을 것이다. 그 고사리의 꿈을 응원해 본다.

전교조 진도지회 창립 31주년 기념
김누리 교수 초청 강연회

2020년 7월 9일 전교조 진도지회 창립 31주년 기념 김누리 교수 초청 강연회를 다녀왔다. 김누리 교수의 강연은 교사와 학생들의 민주적 실천을 강조하고 있어 첫 화두부터 청강생들의 마음을 흔들어 놓았다.

김 교수는 한국의 교사들을 민원의 지뢰밭을 걸고 있는 사람들로 비유했다. 그는 우리나라는 민주 혁명의 역사를 가진 위대한 나라인데 문화, 사회, 경제 민주화는 50년 정도 뒤떨어져 있으며, 여성인권, 성해방도 한참이나 뒤처져 있다고 주장한다. 세계 여러 나라에 비해 한국의 교원만 단결권 등 정치적 권리를 못 누리고 있다고, 세계 175개국의 교원들이 정당 참여 등의 정치권을 가지고 있다고 한다. 김 교수는 교실이 정치화되어야 한다고, 이것이 민주시민교육이라고 강조했다.

그의 말에 의하면 독일의 국회의원 630명 중 87명이 교사나 교수이다. 우리나라는 교수나 법조인이 교육계의 전문가로 대변되는 이상한 나라이다. 교수가 교사보다 높다고 인식되는 나라. 독일은 교사가 정치를 이끌며 그 중심에는 녹색당이 있는데 그 녹색당의 중심이 교사이다. 독일의 교장은 교사들의 선거에 의해 뽑히고 봉사자 역할을 한다고 한다. 한국은 17년째 세계에서 자살률 1위, 노동시간은 세계 1위, 출산율은 최하위로 1명이 안 된다. 우리나라는 교사가 열정과 시대정신 그리고 문제의식을 가지고 있으면 범죄자 취급을 한다. 한국의 교육이 변하려면 교사가 자유롭고 평등한 구조가 있어야 한다. 또한 능력 사회에서 벗어나 존엄성 존중 사회가 되어야 한다.

　김 교수는 네 가지의 해결책을 제시했다. 대학입시 폐지, 대학 서열화 금지, 대학 등록금 폐지, 특성화 학교 폐지가 그것이다. 대학등록금 10조 원만 있으면 된다. 현재 재벌이 미납한 세금이 900조 원이므로, 세금만 제대로 걷어도 등록금은 낼 필요 없을 뿐 아니라 대학생의 생활비까지 지급해 줄 수 있다. 마지막으로 우리나라 대부분은 사립인데, 대학을 공립화하면 대학 서열도 자연스럽게 해결될 것이다. 김 교수는 우리나라의 교사나 학생들이 거리에서 이것을 위해 싸워야 한다고 주장했다. 그런데 우리나라 교사들은 싸우는 사람이 없다. 이것이 안타까운 현실이라고 한다. 김 교수의 강의는 우리에게 교사의 역할과 자세에 대해 분명한 방향을 제시해 주었다.

40주년 5·18 민주화운동을 가르치며

2020년 5월 18은 광주민주화운동이 40주년이 되는 뜻깊은 날이다. 올해 5학년 담임으로 학생들에게 5·18 민주화운동에 관해 수업을 했다. 학생들은 1980년 5월을 마치 1950년 한국전쟁을 떠올리듯 먼 역사로만 알고 있었다. 그때 선생님이 초등학교 5학년이었고, 지금도 너희들과 같은 시대를 살아가고 있지 않으냐고 이야기하니, 학생들은 그제야 놀라움과 함께 흥미를 보이기 시작한다.

1980년 5월 항쟁이 일어났을 때 나는 목포에 인접한 무안군 삼향면의 한 시골 초등학교 5학년 학생이었다. 갑자기 학교가 휴교를 하니 마냥 좋아했다. 그런데 학교 선생님이나 방송에서는 간첩과 폭도들이 나다니고 있으니 바깥출입을 하지 말라고 하는 게 아닌가. 며칠 뒤 금호 고속버스들이 우리 동네로 피해 왔다. 그 기사들에게서 광주의 이야기, 공수부대가 처녀의 젖가슴을 잘랐다느니 임산부를 찔렀다느니 하는 풍문을 들었다. 그 당시 나는 그래도 공수부대원들은 나라를 위한 군인이니 폭도들이 나쁘다고만 생각했던 것 같다. 며칠 뒤 나는 트럭에 탄 폭도(?)들이 우리 동네를 가로지르는 1번 국도로 지나가는 것을 목격했다. 그 아저씨들은 차 앞에 태극기를 꽂았고, 이마에도 태극 띠를 두르고 있었다. 나는 그 나쁜 아저씨⑦들이 왜 내가 선생님께 맞아 가며 외운 애국가를, 내가 그렇게 좋아하는 애국가를 부르는지 이해가 되지 않았다.

더 이해할 수 없었던 것은 우리 동네 어른들과 할아버지들이 그들에게 박수를 치며 물을 떠다 주고 가게의 빵을 차에 던져 주는 모습이었다. 나는 도저히 이해할 수 없었다. 선생님은 분명 간첩들과 한패를 이룬 폭도들이라고 했는데 말이다.

세월이 흘렀고 나도 어른이 되었다. 1980년대 후반에 대학을 다녔고 역사와 사회에 대해, 무엇이 진실인지를 알게 되었다. 그리고 잘못된 지식과 교육이 얼마나 역사를 후퇴시키는 것인가를 깨닫게 되었다.

어느 정치집단에서는 아직도 5·18의 역사를 북한군이나 간첩 소행이라고 주장한다. 나는 학생들이 잘못된 역사 인식을 하지 않도록, 올바르고 진실된 역사를 가르칠 것이다. 오로지 양심과 민주주의에 근거한 올바른 역사를 가르칠 것이라고 학생들에게 다짐한다.

외딴방

새해가 밝았다. 그렇지만 난 3일 연속 독한 몸살감기에 몸을 가눌 수가 없다. 외국에서 혼자 신년을 맞이하는 것도 힘든데 몸이 아프니 서럽기까지 하다. 가족이 너무 그립고 혼자라는 생각이 머릿속을 떠나지 않는다. 오늘 보니 거실이 이렇게 넓었단 말인가?

나는 문득 지금 읽고 있는 신경숙 소설의 『외딴방』을 생각한다. 작년 6월 문학계를 충격으로 강타한 표절 사건 때에도 그다지 관심을 갖지 않았던 내가 지금 그의 소설을 다시 읽고 있다. 외딴방, 수많은 방이 즐비하여도 결국 들어서면 혼자인 외딴방, 그는 왜 외딴방이라고 표현했을까? 외사촌 언니가, 큰오빠와 셋째 오빠가 함께 생활했는데도 외딴방이었다고 한다. 사실, 소설 속에서 형제애는 대단했다. 큰오빠의 헌신적인 돌봄이 있었고 동생들은 각자의 처지에서 최선을 다했다.

저녁엔 내가 크리스마스와 연말을 혼자 보내지 않도록 식사 초대를 해주고 영화를 함께 본 한국어과 제자들이 찾아왔다. 심지어 몸살이 심한지를 마치 알았다는 듯이 시장에 가서 양고기며 야채 등 샤브샤브 요리 재료를 사 와서 선생님을 위해 식사를 준비한 것이다. 이 외딴방에 손님이 온 것이다. 그럼에도 왜일까? 외딴방. 외, 딴, 방. 이 세 글자가 쉽게 머리를 떠나지 않는다. 작가는 외딴방을 제주도라는 섬에서 쓰고 그 소설을 픽션과 논픽션의 중간쯤이 될 것이라고 못을 박고 글을 쓰기 시작했다.

갑자기 나의 신혼여행이 떠오른다. 나의 신혼여행지는 제주도였다. 참 아이러니하게도 우리 세대의 신혼여행은 아마 바다 건너 제주도라는 해외와 외국으로 떠나는 해외여행의 경계선 정도에 있었을 것이다. 제주도로 배낭을 메고 신혼여행을 갔었다. 이제 막 배낭여행이 시작될 때쯤의 이야기일 것이다. 아내는 신경숙의 소설을 참 좋아했다. 『풍금이 있던 자리』, 『깊은 숨을 쉴 때마다』를 모두 읽었다며 신경숙 작가가 성산포에서 투숙하여 소설을 썼다는 그 자리를 신혼여행 숙박지로 정해서, 그가 걸었던 산책길을 되새김질하며 걸어 보기도 했다. 신경숙은 말했다. "모두 제 잘못입니다. 잘 살피지 못한 제게 모든 잘못이 있습니다." 그의 마음은 또 얼마나 외딴방에 기거하게 될 것인가? 소설과 현실의 차이가 어디쯤일까? 그리고 나의 외딴방은 언제가 끝일까? 피 끓는 그리움이 가득 차면 나의 외딴방은 끝이 날 것인가? 나의 몸살감기가 낫기 전에 소설책을 끝까지 읽어야겠다. 외, 딴, 방.

정야사(靜夜思)

나는 이제 더 이상 『외딴방』을 외딴방에서만 읽지 않는다. 화장실 안에서도 한쪽 눈은 외딴방에 가 있다. 아물지 않은 밭은기침을 한참이나 하면서도 손에서 책을 놓지 않는다. 내가 외로워서가 아니라 외딴방이 혼자 있는 것이 걱정되었다고 하는 편이 더 나을 것이다. 그녀가 외딴방에서 말한 연말연시, 203일이나 봄이었던 서울 구로동 공단 어느 공장의 외딴방에, 그녀가 다시 30년 속으로 외딴 마음을 보내고 있을 생각을 하니 마음이 아리다.

3일을 감기몸살로 끙끙 앓고 보니 모든 것이 유해진다. 그저 그렇고 그리 서운한 것도, 그리 화나는 일도 없어진다. 그리고 그동안 보지 못했던 것도 보게 된다. 4개월이 지나 처음으로 나는 침대에 누워 창밖의 달을 본다. 참, 놀라운 일이다. 그동안 그렇게 오랫동안 이곳에 살았는데 침대에 누워 달을 처음 보게 되다니. 그것이 너무 신기해 아픈 몸을 이끌고 오랫동안 침대에 앉아 변해 가는 달의 모습을 본다. 달을 오래 보자니 학생들에게 기말고사로 낸 이백의 「정야사」가 생각난다.

静夜思

李白

床前明月光 잠결에 침상 앞에 밝은 달을 보니
疑是地上霜 땅 위에 쌓인 하얀 서리가 아닐까?
举头望明月 머리를 들어 밝은 달을 보니
低头思故乡 고향 생각에 머리가 숙여지네

부지불식간에 밤을 새웠고 저쪽 동네로 멀어지고 있는 옅은 달 사이로 어슴푸레한 햇빛이 자리를 차지하기 시작한다. 내 손에 들린 『외딴방』도 이제 몇 페이지 남지 않았다. 이 외딴방이 끝나면 나의 몸살도 끝나길 기대해 본다. 낫기만 하면 뭐든지 좋아질 것 같다. 누구라도 좋아할 것 같다.

사실 나를 보기만 하면 부끄러운 얼굴로 눈인사를 어렵게 하는 여자가 있다. 마치 소녀처럼 손과 발을 어찌할 줄 모르고 얼굴을 붉게 물들이는 여자가 있다. 난 그녀가 사는 집 앞을 매일 두 번 지난다. 수업을 하러 가면서 수업을 하고 집으로 오면서. 절대 오해 마시라. 그분은 예순이 넘은 학교 동문을 지키시는 아주머니다. 마치 16살 먹은 소녀처럼 그녀는 붉은 얼굴로 말을 하고 있었다. 난 왜 몰랐을까? 그녀가 말을 할 수 없는 장애가 있다는 것을. 왜 나는 반년이 지나고서야 알게 되었을까?

한번 달을 보니 이제 몸을 조금만 돌려도 달이 보인다. 어떻게 하면 달을 더 잘 볼지 이제 몸이 알아서 반응을 한다. 달은 날마다 나에게 다른 말을 걸어온다. 난 다 알고, 다 알고 있는데 넌 이제야 날 기억하느냐고 차라리 소리 지르며 말하면 좋으련만, 하필이면 그녀는 달을 핑계로 나에게 소리를 지른다. 소리 없는 파편이 나의 가슴속을 파헤치고 들어간 쐐기 한 마리가 나의 목구멍을 통해 밖으로 내뱉으며 콜록거리는 나의 몸뚱어리에 실어 보낸다. 기억하고 싶지 않은 기억이 밭은 몸부림 사이로 물 새듯이 흘러든다.

화사와 유수

가을이 깊어 가면서 국화꽃이 진동을 한다. 조형물에 국화꽃을 입히니 더욱 모양이 뚜렷하여 인위적이긴 하나 보기에는 좋다. 내가 사는 진도에는 진돗개 조형물에 국화꽃이 활짝 피었다. 그러나 '화무십일홍'이라고 했던가? 꽃이 지면 꽃의 잔해가 서글프다. '꽃이 진다'를 '꽃이 떨어진다'라고 하여 보통 낙화(落花)라고 한다. 그러나 중국에서는 꽃이 진다는 표현을 화사(花謝, 화씨에)라고 한다. '사(謝)'라는 말에는 감사하다는 뜻 이외에 '진다'는 뜻도 있다. 여기서 진다라는 말은 가을꽃이 익었으니 감사하여 고개 숙여 인사를 하는 것이고, 고개를 숙였으니 '꽃이 진다'라는 말로 알아들으면 더욱 좋다. 우리의 눈과 코를 즐겁게 해 주고, 오히려 그것을 고맙게 여겨 고개 숙여 떨어지니 참으로 화사로운 일이다.

세월이 유수(流水) 같다고 한다. 하루는 왜 이리 길까 하고 느끼는데 일주일은 너무 짧다. 아니 한 달은 더 짧게 느껴진다. 어르신들이 이 글을 읽으면 '젊은 놈이 못하는 말이 없다'라고 한 소리 할 듯도 싶다. 누군가가 10대에게는 세월이 10킬로의 속도로 흐르고 50대는 50킬로, 60대는 60킬로의 속도로 흐른다고 한다. 어쩌면 딱 들어맞는 말이라고 생각한다. 흐르는 물처럼 살아가라는 이 쉬운 말을 실천하기가 얼마나 어려운 일인지 많은 이가 공감하리라 생각한다. 중국에서 모든 버스 정류장마다 들르는 완행버스를 유수(流水, 류이쉐이)라고 한다. 더구나 이 버스는 시간도 정해지지 않았고, 갑자기 버스 운행을 중단하기도 한다. 흐르는 물처럼 버스를 운행한다는 뜻이다. 마음이 급한 사람은 타면 안 된다. 흐르는 물처럼 버스에 몸을 맡길 사람만이 탈 수 있다. 어떤가? 한 번쯤 흐르는 시골 버스에 몸을 맡겨 보는 것은. 겨울의 문턱에서 방황하는 우리들이 화사와 유수의 뜻을 한 번 새겨 보는 시간이 되길 바란다.

바람이 준 선물

　겨울 손님이 오려는지 밤새도록 떠드는 사람이 누구인지 내심 잔뜩 몸을 웅크리고 밖에 나가 보니 학교 운동장 가에 심어진 은행나무가 부끄러움도 없는지 모두 옷을 벗고 있었다. 그 은행잎 사이로 은행이 미처 몸을 다 숨기지 못하고 숨 고르기가 한창이다. 눈이 부지런한 보건 선생님과 손이 부지런한 돌봄교실 선생님은 어느새 장갑을 끼고 은행을 바구니에 가득 담는다. 하루에 10개 정도를 먹으면 건강에 좋다며 주운 은행을 이틀 정도 말리고 전자레인지에 돌려 익힌다. 보건 선생님은 가끔씩 익힌 은행을 교무실이나 협의실 탁자 위에 올려놓고 가신다. 구수한 은행의 향기가 입맛을 돋우는지 선생님들이 둘러앉아 은행을 까먹기에 바쁘다. 은행을 까면서 선생님들은 그날 해야 할 일이나 학급의 어려운 일들에 대해 이야기를 한다. 바람은 이렇게 아름다운 모습으로 선물을 주고 간다. 작은 학교에서 하루를 다시 시작하는 시간이다.

5장

시로 엮은 세상

유달산 은목서

낮엔 어떻게 참고 견디었을까?

밤이 되면 작은 허연 꽃잎 사이로

지독하게 내뿜는 사랑

그칠 줄 모르고

다른 사람에게

보란 듯이

하얀 다리 내놓고

검은 뿌리 한껏 들어올려

그에게 진한 몸짓을 떨군다.

그녀의 진한 유혹에

유달산 가로등이

불그스레

고개를 돌린다.

이심이네 미용실

유교리 첫 동네 원동마을엔
새벽부터 문 열리기만 기다리는
이심이네 미용실이 있다.
유교리 동네 아짐들이
주인을 기다리다 지쳐 푹석 앉아서
장골댁은 졸고 맥포댁은 시금치를 다듬고 있다.
이심이가 9시에 문을 연다고 몇 번이나
고래고래 말해도
자식이 돈 보냈다고
손주가 시험에 합격해 뭣이 됐다고
귀가 먹어 제대로 듣는 사람이 없어도
자랑 한번 하고 싶어서
파마할 때도 안 되었는데도
이른 아침부터 이심이 오기만을
기다리는 유교리 아짐들이 있다.

다순구미 꼭대기 집

사람이 그리웠을까?
당신의 나이는 잊어버리고
"내가 잔나비띠여~"
연신 그 말만 하시는
구십 가까운 할머니가 사는 집
아들 셋을 키워
큰아들 아직 장가도 안 갔는지
아니면 다시 돌아왔는지
낮에는 잠을 자고 밤이 되면
컴퓨터를 한다는 큰아들이 자고 있는 집
낯선 이가 들어가도
방인지 부엌인지 구분이 안 가는 그곳에
자꾸만 들어와 앉으라고
권하는 추석 명절 끝에 만난 나와 할머니가 있는 그 집
다순구미 꼭대기 집

봄콩

봄날, 어머니는 봄 콩 세 알을 땅에 한꺼번에 심으셨습니다. 나는 "왜 한 알씩 안 심고 세 알을 심으세요?" 어머니는 이렇게 답하십니다. "한 알은 썩고, 한 알은 새가 먹을 것이고 나머지 한 알만 싹을 틔우면 된단다."

어머니는 그렇게 수십 년의 봄을 심고 계십니다.

고사리 1

봄이 되면
노모도 어쩔 수 없나 보다
자꾸만 봄바람이 나는 것을
늙으신 아버지의 반찬 투정을
견디다 못해
집을 나가
아버지의 점심시간도 잊은 채
돌아오시지 않는다.
도대체 누구와 봄바람이 나신 것일까?

고사리 2

아내와 실컷 싸우고 산으로 떠난 날
땅속 검퍼렇게 썩은 솔잎 사이를 뚫고
부끄럽게 고개를 내민 고사리를 꺾다가
소스라치게 놀란다.
그렇게 단단한 하체로 자신의 몸을 숨기고
부끄러운 새색시처럼
약한 모습으로 고개를 내밀고 있었다는 것을
단단한 하체로
몸을 도사리는 아내를 거기서 보게 될 줄이야

고사리 3

일 년이 지나면 어김없이 그 자리에서
씨앗을 퍼트리며 부끄러운 듯
살며시 고개를 내민다.
톡
톡
하나둘씩
꺾다 보면 안다.
사람이 꺾는 것이 아니라
고사리가 스스로 꺾이는 것이라는 것을
고사리의 보따리를 내가 채우는 것이 아니라
스스로 채워 주는 것이라는 것을

고사리 4

어머니는
이제
고사리도 못 꺾으시고
점점
고사리가 되어 가네

고사리 5

여기서 톡, 또 한참 걸어서 톡,
하나둘 꺾을 때마다 나는 소리
엄마가 시간 가는지도 모르고
곡기 때도 잊고
해 질 녘에 돌아오셨는지를…
범인임을
이제야 알겠다.
톡톡

고사리 6

이실아,
머리카락이 근질근질하다야
어서 와서 손가락으로 긁어 다오.
어무이, 이제 나도 다리 아파
거기까지 못 걸어갔어라.
내일 날 밝으면 아들한테 다녀오라 할게라
외할머니는 묏등 가득 머리카락 가렵도록
고사리 씨앗 뿌려 놓고
성뫼(城뫼) 너머로
외손주 불러 머리카락 긁게 하신다.

고사리 7

나이를 먹어 가면
왜 알면서도 안 되는 것일까?
아직 앳된 고사리 싹은
내일을 위하여
다른 사람을 위하여
고사리의 번식을 위하여
남겨 놓아야 된다는 것을
왜 덜 핀 것을 보듬지 못하고
더 팔 벌리지 못하는 것일까?

유달산 낮바람

유선각 낮바람이 심상치 않다
힘겹게 오른 나그네의 얼굴을
스치고 소스라치게 할퀴며 지나간다
지난달에도 지난주에도
오른 유달산 둘레길인데
왜 이리 낯설까?
왜 낯선 나그네가 되어 있을까?
여러 잔상을 떼 버리려
달리기도 하고
멈췄다가 뒤돌아보고도 하지만
유달산 바람은
나그네의 가슴을 파고들어
떠나가지 않는다
가슴이 울컥 미어지는
유달산 유선각 낮바람

고사리 8

어머니는 망태를 찾아 나서는 아들 등에

아들아~ 이제 고사리 그만 끊으러 가라

동네 젊은 아낙들이 다 끊어 버리고 고사리가 없단다.

고사리 이제 그만 좀 끊으러 가세요.

다리도 아프신 분이 그러다 다치시면 어떻게 하시려고요?

아들은 고사리 망태를 토방에 내려놓으며 한숨도 함께 내려놓는다.

다 끊어가 버리고 이제 고사리가 없어요.

어머니는 안다

아들도 안다

우리가 끊을 만큼의 고사리는

언제나 남아 있다는 것을

빈 교실에서

아이들이 떠난 자리에 호흡처럼
긴 메아리가 되돌아온다.
누군가의 책상 위에
누군가의 사물함에
또 누군가의 신발장 위에 못다 한 말을 남겨 두고 떠난 듯이
좀 더 큰 귀로 듣지 못한
더 큰 눈으로 살피지 못한
아니, 더 넓은 가슴으로 보듬지 못한
아쉬움이 빈 교실에 홀로 남겨진 나의 가슴을 후벼 파고든다.
내일이면 다시 채워질
9명의 열매를 위해
더 큰 밑거름을 준비하고
더 큰 사랑을 꺼내 기다리라
아이들이 떠난 빈 교실에
다시 한 번 몸부림쳐 본다.

그녀를 기다리는 카페에서

파란색 조끼 스웨터에 가운데로 길게 꼬아 올린 머리를 가진
소나기의 윤 초시네 증손녀가 떠오르게 하는
그 소녀에겐 항상 갓 빨래한 향내가 났다
왜 그랬을까?
그냥 왠지
머리를 만지고 싶어 저절로 손이 가다
깜짝 놀라 머리채를 잡아챘던
얼굴 오른쪽 볼에 점 하나가 그리 오랫동안
잊지 못하는 추억이 되었을까?
남색 치마 끝자락을 따라
빨간 소녀의 구두 끈 자락이
딸그락 소리를 내며
추억 속에서 이제 그녀가 걸어오고 있다.
40년 만에

고사리 9

늘으신 어머니 처녀 적부터 눈도장 찍어 둔
꼭 있는 그곳에만 있는
아들에게도 말해 주기 싫었을까?
새벽어둠이 가시기 전에 떠나신 어머니
외할머니 눈처럼 빨갛게 충혈된 눈으로
어떻게 찾았을까?
보따리에 가득한
눈물 한 움큼.

고사리 10

엄마는 동생과 나를
골방에 남겨 두고
산으로 떠나셨다.
엄마 따라
나도 따라가고 싶어
동생을 흠씬 때려 주고
문을 나서다
샘골에서 동복아짐에게 이끌리어
집으로 쫓겨가다 불러 보는 엄마
샘골에 울려 퍼지는 엄마
고사리 꺾고 계신 엄마는
나와 동생이 울부짖는
샘골의 메아리를 듣고 계셨을까?

고사리 11

외증조부
외조부가 누워 계신
성뫼(城埋) 너머로
오늘은
외숙을 맞이하러 간다.
아재라고 부르면 꼭
형님이라고 다시 가르쳐 부르게 하여
이름조차 부르기 힘든
창수 형님 따라
외숙이 누우실 자리를 찾는다.
물이 흐리진 않는다.
앞이 튀어 자리가 좋다.
말씀 따라 아무것도 모르는
나도 고개가 숙여진다.
외숙의 잠자리 터에
내민 고사리도
슬퍼 고개 숙여
눈물짓는가 보다.

고사리 12

고사리는 살며시 비를 머금고
고개를 쏙쏙 들어 올린다.
부끄러워
머리를 돌돌 말아
무섭고도 두려워
가시도 만들어 보고
이름 모를 낙엽 사이로
숨어도 본다.
혹여나 들킬라
꼭꼭 숨어라
손가락 보일라

고사리 13

너무 걱정하지 마라
다른 사람이 먼저 다 꺾어 갔다고
네 몫은 다 정해져 있거늘
너무 욕심 부리지 마라
남의 광주리가 더 크다고
네 그릇도 충분한 것을
너무 다 꺾지 마라
산은 너에게 다 내어 줬으니
너도 남에게 조금만 내어 주면 될 것을
네 광주리는 네가 채우는 것이 아니라
산이 광주리를 비우고 있다는 것을
너도 이제 알 것이다.

주희

퇴근길에
아줌마로 만난 주희
아이 둘 데리고 분식집 앞에서
어묵 꼬치 입에 물고
보조개가 함박만 하게 웃어 젖히며
만난 주희,
왜 이리 이쁠까?
아가씨보다 더 예뻐 "아가씨" 하고 부르려다가
꾹 참았다.
1학년 딸이 묻는다
"엄마, 이 아저씨 누구예요?"
주희보다 내 대답이 먼저 나온다.
"내가 엄마 오빠야."
분식집의 어묵이 참 맛난 날이다.

북항길 따라

몸보다 마음이 빨리 일어난 새벽 어스름 빛 따라 유난스럽게 달리는 몇 몇 타이어의 굉음이 가슴을 쓸어내리는 북항길

노란 현수막마저 하얗게 떨구는 사열 받으며 걸어보는 그 북항길…

잊지 않았다며, 잊지 않겠다며 다짐하던 남은 자들의 메아리를 하나하나 읽어 본다.

진흙 펄 속에서 건져 낸 뼛조각 하나, 둘 나올 때마다 우리의 한숨도 희망으로 변해 가는 세월호로 가는 북항길을 따라 너희도 걸어가 보아라.

어스름 새벽빛이 허옇게 타오를 즈음

나의 작은 바람도

너희 큰 희망도

다시 당당하게 가로지를 서해 바다의 세월호를 마주하게 될 것이라.

6장

중국
청도에서의 일 년

나는 중국청도호텔관리대학에 한국어 교사로 1년간 파견을 다녀왔다.

내가 중국이라는 나라에 관심을 갖고 중국어 공부를 시작한 것은

전라남도교육청 무안교육지원청에서 주도적으로 운영하고 있는

중국어 원어민 강사를 활용한 중국어 특화 사업 때문이었다.

그 당시 초당대학교 국제교육원의 평생교육원에서 시작한 중국어 공부는

내 인생의 후반전을 준비하는 큰 행운이었다.

그 후 중국의 역사와 문화 등에 지속적으로 관심을 갖고 공부를 하고 있다.

이 기록은 중국의 대학에 근무하면서 느꼈던

중국의 교육, 문화에 대한 생각과 여러 차례 여행의 소감을

정리한 글임을 밝혀 둔다.

마침내 청도에 입성하다

결국 잠을 설치고 말았다. 담담하려 했으나 몸이 따라 주지 못했다. 4시에 겨우 일어났다. 어제 어머니는 마치 자식을 군대에 보내는 듯 눈시울을 붉혔고, 아버지는 소리 없이 흐르는 강물을 연신 쳐다보셨다. 아내와 같이 4시 40분에 집을 나서 버스를 탔다. 아내는 고개를 돌리지 못하고 내가 떠난 버스를 따라 시선을 맞춘다. 같이 있을 때 좀 더 잘해 주고 더욱 아껴 줄 것을 많이 반성하고 후회도 했다.

10시쯤 인천공항에 도착하여 정경균 선생님을 잠시 만나 배웅했으나 같이 온 자녀들과의 식사 약속에 나는 하릴없이 혼자서 인천공항을 맴돌았다. 청도행 비행기는 연착을 하여 더욱 늦게 출발했다. 조국을 떠나는 일이 좀처럼 쉬운 일은 아닌가 보다. 밥솥을 넣은 짐이 초과되어 8만 3,000원을 더 주고 짐을 부치니 어쩐지 손해 본 듯한 느낌이다.

청도행 비행기는 청도류정공항(青岛流亭机场)에 4시 50분이 되어야 도착했다. 게다가 짐을 찾는 데 오래 걸려 마중 나오기로 한 학교 담당자를 걱정하게 만들었다. 청도호텔관리직업기술학원(青岛酒店管理职业技术学院)의 소선생(邵老师)이 내 이름이 쓰인 명패를 들고 기다리고 있었다. 옆에는 미국인 원어민이 같이 있었는데 성격이 아주 좋게 생겨 금방 친해졌다. 하지만 부족한 영어 실력의 한계를 뼈저리게 느꼈다.

드디어 공항을 나섰다. 나중에야 학교 총장의 전용 자동차가 마중을 나와 내 짐을 실어 날랐다는 사실을 알고 무척이나 고마웠다. 공항을 벗어나자 탁 트인 도로와 해변이 나타났고 고층 아파트와 건물이 앞서거니 뒤서거니 숲을 이루고 있었다. 공기가 무척이나 깨끗하고 거리에는 플라타너스 등 수많은 나무들이 있어 마치 한국에 있는 듯한 느낌이 들었다. 청도를 동양의 작은 유럽, 나폴리라고 할 만했다.

외국인 교수 전용 기숙사에 도착하니 제법 깨끗하고 정리 정돈이 잘되어 있었다. 거실에 방 2개, 부엌과 욕실이 갖추어져 있었다. 올해부터는 와이파이가 연결되어 인터넷을 마음껏 할 수 있는 점이 반가웠다.

짐을 정리하고 소선생과 미국인 교수 로울리와 함께 양탕을 먹으러 갔다. 중국에서의 첫 식사가 양탕인 셈이다. 한국에서도 먹어 본 적이 있어 괜찮거니 했는데, 향채(香菜) 냄새가 코를 진동해 먹기에 참으로 부담스러웠다. 로울리는 나보다 더 잘 먹지를 못했다. 나는 사 준 사람의 성의를 생각해 열심히 먹었다. 미국 교수는 나중에 미안하다는 얘기를 했다. 다시 숙소에 들어와 짐을 정리하고 청소와 빨래를 하니 드디어 하루가 지난 실감이 났다.

침대 맡에 태극기를 걸어 두었다. 교육부에서 보내 준 것이기에 나라를 사랑하는 마음으로, 또한 한국인으로서 사명감을 갖자는 의미로 걸어 둔 것이다.

중국 대학교의 첫 풍경

아침 일찍 새소리에 잠이 깨었다. 창밖을 보니 플라타너스가 아침 햇빛을 받아 은빛을 발하고 있었다. 부엌에 가서 아내가 기어코 넣어 준 쌀을 찾아 아침밥을 지었다. 밥솥 때문에 초과 비용을 냈으니, 비싼 아침을 먹은 셈이다. 아내의 지혜로 아침을 라면으로 때우지 않아서 더욱 좋았다. 옛말에 여자의 말을 잘 들으면 자다가도 떡이 생긴다고 했으니, 나이가 들수록 염두에 두어야 할 말이다.

처음으로 전화가 왔다. 어제 소선생이 말한 대학교 2학년 학생인데, 우리말을 조금 할 줄 알아 물품 구입이나 여러 가지 행정적인 일을 도와주려는 학생이다. 낮 12시에 도착한다고 한다. 그 학생이 전화로 우리말을 더듬거리며 하니 나도 우리말로 천천히 응답했다. 못 알아듣는 말은 내가 중국

청도호텔관리대학

어로 하는데도 그 여학생은 계속 우리말을 했다. 한국어를 열심히 공부하려는 의지가 강한 듯했다.

12시까지는 시간 여유가 있으니 학교 구경을 나섰다. 안내 지도를 살펴보니 쉽게 알아볼 수 있게 되어 있었다. 체육관에 이르니 고등학생으로 보이는 학생들이 군사훈련을 받고 있었다. 환자인 듯 의자에 앉아 있는 학생과 중국어로 잠시 대화를 나누었다. 중국에서는 9월 학기 초에 초등학생부터 대학생까지 1학년 학생 남녀 모두 5일간 군사훈련을 받는다고 한다. 우리나라에서 고등학교 시절에 배웠던 교련과 비슷한 것일까. 청도의 고등학교 1학년 학생들의 군사훈련 받는 자세가 바르고 질서가 있었다. 만약 우리나라 학생들이 이러한 군사훈련을 받게 된다면 어떨까. 당연히 큰 반발이 일어날 것이다. 그런데 우리나라는 남자라면 모두가 군대를 가야 하니 미리 단체 훈련을 하는 것이 좋은 방법일 수도 있겠다는 나만의 작은 생각이 잠시 지나갔다.

한국어과 학생들과 함께

중국에서 핸드폰과 은행계좌 만들기

어제 오후에 마효경(马晓庆) 학생을 만나 학교 앞에서 버스를 타고 이창구(李沧区)의 이촌(李村)에 가서 중국 핸드폰으로 바꾸었다. 중국 핸드폰은 한 달 사용료를 미리 내고 사는 방식이다. 나중에 알아보니 전기나 수도 요금도 선불제였다. 사용한 만큼 계산하는 우리의 후불제와는 다르다는 사실이 처음에는 난감했으나 미리 충전된 만큼 사용하니 절약할 수도 있겠다 싶었다.

오전에는 이촌시장(李村集市)으로 쌀, 간장, 식용유, 감자, 플라스틱 용기 등을 사러 갔다. 이촌시장은 거대한 오일장 야시장으로 각종 농수산물과 의류 등이 즐비하게 노점상을 형성하고 있다. 만약 효경 학생이 없었더라면 학교 밖의 중국인들, 더욱이 말이 빠른 상인들과의 대화는 외계인과 대화하는 수준이었을 것이다. 누가 나의 중국어를 기다려 주겠는가? 이촌에서 이른 저녁을 먹고 들어왔다. "나 몰라요." 효경 학생도 지리를 잘 아는 곳이 아니라 수줍은 얼굴로 이렇게 말하곤 했다. 효경 학생과 처음 먹은 것은 자장면(杂酱面)이었다. 한국에서 먹던 자장면이 아닌 여러 가지 장을 섞어 놓은 일종의 국수였다. 작은 그릇은 12원, 큰 그릇은 14원인데 나는 큰 그릇을 시켰다. 2원 차이니 크지 않을 것이라 생각했다. 주인이 자꾸 양이 많은데 괜찮겠냐고 물었다. 막상 그릇이 나오고 보니 깜짝 놀랐다. 작은 그릇의 2배나 되었다. 이런 바보, 여기서도 한국식으로 생각하다니. 돌아오는 길엔 비가 많이 와서 택시를 탔다. 시장에서 산 물건을 차에 실으니 나의 대학 시절 자취 생활이 떠올라 가슴이 뭉클해지고 어딘지 처량한 생각도 들었다. 타국에서 자취 생활이라니.

일부러 택시기사에게 말을 건넨다. 우리나라에서도 나는 택시를 타면 자주 말을 건넨다. 살아 있는 중국어를 배우기에도 좋다. 중국 택시 기사들도 손님들과 이야기하는 걸 좋아한다. 게다가 친절하게 천천히 말해 주니 부담이 없다. 뒷좌석의 효경 학생이 놀라는 표정이다. 말수가 없는 줄 알았던 한국 선생님이 택시기사와 부담 없이 대화하는 것이 신기했을까. 오늘도 효경 학생 덕분에 하루 일을 끝냈다. 그가 "선생님." 하고 부르는 목소리가 참 정겹다. "라오스(老师)"보다도 "선생님"이라고 부르니 더 친근감이 간다. 중국에서 한국어를 가르친다는 것이 얼마나 복되고 자랑스러운가?

산책을 시작하다

이른 아침 6시에 숙소를 나섰다. 학교 밖의 구수동로(九水东路) 주변 강가에 버드나무, 플라타너스 등 원림이 잘 갖추어져 있었다. 2014년에 세계원림박람회가 이곳 이창구(李沧区) 이창동(李沧洞)에서 열렸다고 하니 그 덕을 톡톡히 본 셈이다. 학교가 청도 외곽에 위치해 공기도 좋고 수많은 화초를 볼 수 있다. 물창포, 연꽃, 무궁화, 수련, 홍련 꽃 등이 물가를 따라 가지런히 흐르고 있었다. 아침부터 몇몇 노인들이 강가에서 낚시를 즐기고 있었다. 서울의 청계천과 비슷할 텐데, 그 크기나 시설이 엄청나게 크다. 그곳에서 낚시를 하고 있다니 우리나라 같으면 경범죄에 걸릴 일이다.

물오리가 자유로이 놀고 있는 모습을 따라 아침 운동을 마치고 혜수로(惠水路)를 거쳐서 돌아왔다. 돌아오는 길에 왕부(王府)라는 큰 교회를 보고 깜짝 놀랐다. 중국 정부에서 만든 정통 교회라고 한다. 내부 시설을 잠깐 보았더니 아주 컸다. 주일 예배 시간을 확인하고 돌아왔다.

세계청도맥주축제(世界青島啤酒節)는 밤에 가야 한다

세계청도맥주축제가 8월 31일 끝난다는 소식을 듣고 서둘러 숙소를 나섰다. 미리 버스 편을 알아보고 출발했으나 역시 현장은 또 다르다. 어디에서 내려야 할지 막막하여 무작정 옆 사람에게 물어보았다. 서툰 중국어에 빠른 중국말로 대답한다. 한국 사람이라고 하자 영어도 함께 써 가면서 친절하게 묻는다. 그분은 마침 우리 학교 건너편에 있는 사립대학교인 항성학원(恒星學院)의 과학과 교수 왕웨이였다. 명함을 건네면서 일부러 나와 같이 내렸다. 버스 표지판을 보면서 가는 길을 안내해 주었다. 정말 친절했다. 누군가 이렇게 말했다. "외국에서 누군가에게 물어보는 것을 두려워하지 말라." 정말 맞는 말이다.

마침내 맥주축제가 열리는 노산시남정부(崂山市南政府, 우리나라의 구청에 해당함)에 내려 세기맥주성(世纪啤酒城)에 도착했다. 오전에 들어가면 10원의 입장료를 받는다기에 일찍 입장했으나 사실 오전에는 볼거리가 없었다. 세계 여러 나라 맥주회사가 무대를 설치하고 가수나 볼거리를 제공하면서 맥주를 마시는 곳이다.

여러 곳을 둘러보다가 청도시박물관(青岛市博物馆)을 구경했다. 맥주축제 중에는 시박물관에 무료로 입장이 가능했다. 청도의 구석기, 신석기, 청동기 시대 유물과 명나라와 청나라 시대, 근현대의 유물이 비교적 잘 갖춰져 있었다. 특히 의복과 침구류(베개와 이불)의 발달사를 잘 알 수 있도록 예술적인 작품이 많이 있었다. 우리나라의 박물관을 보는 듯한 느낌이 있는데, 아마도 삼국시대에 백제와 많은 교류가 있어서 그런 것이 아닌가 싶었다.

박물관을 나서니 또다시 무료하다. 여기까지 와서 청도맥주를 마시지 않고 돌아갈 수 있는가? 큰 생맥주 한 병에 80원이었다. 안주로는 양꼬치를 사 먹었다. 방송에서 어느 개그맨이 한 "양꼬치엔 칭다오피지오우(喝青岛啤酒吃蛤蜊)"라는 말을 직접 실천한 셈이다.

점심시간이 지나니 사람들이 많아지고 여러 가지 행사들이 본격적으로 시작되었다. 상업적인 행사가 많아 보여 고개를 돌려 석노인해수욕장(石老人海水浴场) 쪽으로 걸었다. 넓고 깨끗한 바다를 보자 마음이 확 트였다. 해수욕장은 인산인해였다. 산둥반도의 청도 바다에 발을 담그며 걸었다. 이 수많은 이들 중 한 사람, 나는 바로 전라남도 목포에서 온 한국인이다.

드디어 첫 수업을 시작하다

빨리 달리자, 청춘아!(奔跑吧, 青春)

새로운 학기(新学期) 새로운 출발(新起点)

새로운 생활(新生活) 새로운 여정(新征程)

어젯밤에 효경 학생에게서 오늘 8시부터 수업을 시작한다는 문자를 받았다. 학교에서 받은 교재가 없어 나는 미리 준비해 간 내 소개 자료를 usb에 담아 교실로 들어섰다. 교실에 가까워지니 심장 소리가 요동을 쳤다. 23명의 한국어를 배우는 학생들이 기다리고 있었다. 간단하게 중국어로 내 소개를 했다. 대한민국의 위치와 면적, 태극기, 한국과 중국의 관계 등에 대해 이야기하고 가족을 소개했다. 학생들이 얼마나 한국어를 잘하는지 궁금해서 몇 가지 테스트를 해 보니 그런대로 말하기를 잘했다. 수업 태도도 좋았다. 고등학생처럼 과대표의 구령에 맞춰 함께 인사를 한다(老师好, 同学们好). 핸드폰도 모두 걷어 앞의 보관함에 잘 정돈하는 모습이 쉬는 시간에 눈에 띄었다.

첫 수업이 어떻게 끝났는지 잘 모르겠다. 될 수 있으면 천천히 말하려고 노력했으나 어찌 되었는지…. 효경 학생에게 수업이 어떠했느냐고 물었더니, 물론 좋았다고 대답을 한다. 진도가 늦더라도 학생들이 반복해서 듣기와 말하기를 직접 할 수 있도록 노력해야겠다. 그리고 재미있는 게임이나 율동, 박수 등을 준비하고 학생들이 쉽게 이해할 수 있는 영상을 준비해야 겠다. 매일매일 수업의 질을 높이도록 노력하자. 나는 한국을 대표하는 한국의 선생님이라는 생각을 잊지 말자고 다짐했다.

청도호텔관리대학의 모습

시진핑 주석(习近平 主席)이 다녀간 학교

내일 모레, 9월 3일에는 중국이 국가 총동원 체제로 준비 중인 항일 반파시스트 전쟁 승리 70주년 열병식이 있다. 텔레비전을 보면 북경에서는 벌써부터 무장경찰과 공안 차량이 줄지어 도로변에 서 있고, 인민해방군

부대가 도열해 거리를 오간다. 도로변엔 검은색 철제 바리케이드가 쌓여 자정부터 이뤄질 시내 중심 봉쇄에 대비하고 있었다고 한다. 북경뿐만 아니라 이곳 산둥성에서도 전승절(战胜节) 기념식의 열의가 무르익어 가고 있다. 역사적으로 반파시스트 운동이 활발했던 이곳 청도를 포함한 산둥성도 피해를 당한 곳이다. 일전에 우리나라와 북한이 첨예하게 대립했던 것도 국제적으로 고립되어 가는 북한의 위치 때문일 수도 있을 것이다. 특히, 중국과 우리나라의 빠른 관계 발전에 그들이 압박감을 느끼지 않았을까 짧은 생각을 해 본다.

이곳 청도호텔관리대학의 한국어과 학생들도 모두 우리나라 대통령 및 우리나라의 정치와 문화에 관심을 갖고 있다. 무엇보다 우리나라 연예인의 활동 모습이 그들에게 한국어를 배우게 하는 큰 동기가 되는 것은 사실이다. 그리고 시진핑 주석(习近平主席)과 총리가 이 학교를 방문한 적이 있어 한국어과 학생들은 자신의 학교를 자랑스럽게 여긴다. 그만큼 이곳의 한국어과 학생들에게는 한국과 중국의 관계가 중요하다.

내일은 학생들에게 왜 한국어를 배우고자 하는지, 말하기 수업시간에 한국어를 배우는 목적을 물어봐야겠다. 목적이 분명해야 배가 제대로 항해를 할 수 있기 때문이다.

항일전쟁승리 70주년 기념일에
노산(崂山)을 오르다

9월 3일은 중국의 항일전쟁 승리 70주년 기념일이다. 몇 주 전부터 중국 전역은 기념일 준비로 분위기가 한층 달아올랐다. 이곳 학교 교내에도 기념일을 축하하는 플래카드와 포스터가 곳곳에 붙어 있었다. 마침 전승기념일인 9월 3일부터 4일과 5일은 연이은 학생들의 방학이라서 수업이 없었다. 갑자기 어제서야 수업이 없다는 것을 학생을 통해 알게 되어 조금 당황했지만 수업이 없다는 것은 가르치는 선생에게도 기쁜 일이 아닌가?

나는 제남(济南) 밑에 위치한 태안(泰安)의 태산(泰山)과 공자(孔子)의 사당이 있는 곡부(曲阜)를 다녀오리라 마음먹었다. " 티끌 모아 태산(泰山)", "태산(泰山)이 높다 하되 하늘 아래 뫼이로다. 사람이 오르고 또 오르면 못 오를 리 없건만 사람이 제 아니 오르고 뫼만 높다 하더라"라는 속담과 시조로 유명한 그 산을 가고 싶었다. 또 한국어과 여학생 한 명의 고향이 바로 태산이라는 것이다.

태산은 중국의 전체 산 가운데서 16번째라고 하는데, 아무나 태산에 제사를 지낼 수는 없다고 한다. 산이 높다고 다 명산은 아니리라. 하늘과 땅에 제사를 올리는 봉선(封禅) 의식은 순임금 때부터 행해졌다. 하늘의 아들

(天子)인 황제는 하늘에서 가장 가까운 태산에 제를 올리면서 하늘의 권위를 빌려 자신의 권력을 과시한 것이다. 춘추전국시대를 통일한 진시황도 봉선 의식을 통해 통일을 만천하에 공포하고 자신의 존재감을 지금의 제남(济南)과 치박(淄博)이 있던 제(济), 노(鲁)나라 사람들에게 과시하고 싶었을 것이다.

이런 명산에 못 가 보면 두고두고 후회할 것 같았다. 인터넷으로 기차표를 예약하려니까 오전에는 기차표가 없었다. 더구나 내 여권은 전문가 자격증을 만드느라 일요일에나 나온다고 한다. 중국에서는 여권이 없으면 기차를 탈 수 없다.

"이를 어쩌지?" 황금 같은 연휴를 그냥 보내게 생겨서 고민을 하던 차에 국제교류처(国际交流处)의 손 선생님(孙老师)이 청도에 있는 노산(崂山)을 추천했다. 청도를 둘러싼 노산에는 꼭 가 봐야 한다는 것이다. 아침 일찍 길을 나섰다. 버스 노선을 확인하고 무작정 탔다. 종착역인 노산거봉유람구(崂山巨峰游览区)를 가려면 항성학원(恒星学院)에서 112번을 타고 대하동역(大河东车站) 다음인 노산매표소에서 내려야 한다. 어디에서 내려야 할지 몰라, 또 무작정 옆에 앉은 젊은 여성에게 서툰 중국어로 물었다. 그러자 그들 중에 누군가 이렇게 말하는 소리가 들린다.

"너 한국어 할 줄 알잖아. 네가 말해 봐."

정말 한국어로 나에게 말을 걸어온다. 자기들도 노산에 간다는 것이다. 기회다 싶어 나도 같이 끼어 달라고 했다. 그리하여 나는 청양(城阳)의 스키 안경을 만드는 한국 공장에서 근무하는 6명의 젊은 여성들과 노산 등반을 시작했다.

나는 원래 거봉(巨峰)을 가려고 했으나 태청궁(太清宫)을 가자는 제안에 그 곳을 등반하게 되었다. 셔틀버스를 타고 태청궁으로 올라갔다. 넓고 푸른 해안선이 한 폭의 동양화처럼 펼쳐져 있었다. 입장료가 130원으로 꽤 비싼 편인데 그 값을 하고도 남을 만했다. 기암괴석으로 둘러싸인 등산로를 따라 저수지와 폭포를 지나 태청궁에 도착했다. 그곳에서는 입장료를 따로 받았다. 그들이 입장을 원하지 않아 따라온 나는 하릴없이 같이 내려왔다. 하나같이 친절했고 수줍은 웃음을 짓는다. 그 웃음소리가 해맑다. 나중에 만나면 내가 한턱 쏘겠노라고 말하고 태청궁을 내려와 하산 버스를 타고 돌아왔다. 나는 그들과 많은 대화를 나누었다. 이렇게 중국어를 현장에서 직접 배우는 것이 효과적이다.

"여섯 명 중에 한 명이 한국어를 하여 오늘 여러분과 인연이 되었고, 산을 오를 수 있었습니다. 그래서 한국어를 배우는 것이 얼마나 소중한 일인가 알게 되었습니다."

이렇게 말하자 모두들 한국어를 할 줄 아는 친구를 부러워했다. 대단한 산, 해변의 가장 아름다운 산, 노산에 내가 다녀왔노라. 이것이 인연이 되어 그들과 나중에 항주(杭州)와 소주(苏州) 여행을 함께 다녀오기도 했다.

친구와 함께 거봉(巨峰)에 오르다

전승기념일 다음 날인 오늘도 방학이다. 어젯밤에 산둥성 연대(烟台) 노동대학(鲁东大学)에 파견교사로 근무하는 조 선생님이 오늘 청도에 놀러 온다고 연락을 했다. 택시를 타고 시남구(市南区)에 위치한 사방장거리버스터미널(四方长途汽车总站)에 마중을 나갔다. 사방장거리라는 중국어를 잘 알아듣지 못해 헤매다가 바이두(百度地图)에서 가까스로 위치를 확인하고서야 버스터미널로 갔다.

정말 조 선생님이 올 줄은 몰랐다. 연대(烟台)에서 3시에 버스를 탔는데 6시 반에 도착했다. 우리는 내가 근무하는 학교 근처에서 식사를 하기로 했다. 처음 먹어 본 백즙(국수의 한 종류)이 담백하고 맛이 있었다. 조 선생님은 음식과 과일을 고르는 데도 남자인 나와 다르게 세밀한 데가 있었다. 어제 노산의 태청궁에 다녀왔으니 쉽게 버스를 타고 노산거봉유람구(崂山巨峰游览区)를 찾을 수 있었다. 도착하여 표를 구입하고 셔틀버스를 타고 시간을 절약하기 위해 케이블카를 탔다. 안개에 갇힌 신선의 세계로 들어가는 느낌이 들었다. 신선이 사는 세계로 가기 위해 중국인은 절벽에 도로를 내고, 바위에 케이블을 달아 수많은 세월 동안 도전을 해 온 것이라. 케이블카를 타고 거봉의 한 봉우리인 국기봉에 올라 보니 과연 비경이었다. 그 어떤 말로 표현할 길을 몰라 우리는 우두커니 서서 눈앞에 펼쳐진 동양화를 감상하고 있었다. 바다를 사이에 두고 이렇게 아름다운 산이 그 어디에 있다는 말인가?

비경에 빠져 점심시간마저 놓친 우리는 서둘러 5·4광장(5·4广场)을 향했다. 원래는 제1해수욕장과 잔교(栈桥)를 구경하려 했으나 배고 너무 고파 우선 끼니를 해결하기로 했다. 5·4광장은 우리나라의 1919년 3·1운동의 영향을 받아 중국에서 일어난 항일운동의 기점을 기념하여 만든 광장이다. 기념탑이 있어 잔교와 함께 청도를 대표하는 건축물로 자리 잡고 있었다. 마침 휴일인 전승절을 맞이하여 많은 사람들이 해변에 나와 요트를 타거나 해수욕을 즐기고 있었다. 우리는 식당을 찾아 헤맸다. 이렇게 넓은 광장에 이렇게 사람들이 많은데 음식점이 없다는 게 이상했다. 역시 우리는 이방인인가 보다. 한참을 찾다 만두전문점에 들어갔다. 일반 만두점이 아닌 외국인이나 중국에서도 돈이 있는 사람들이 오는 곳이 분명했다. 팁(서비스료)도 4,000원 정도 음식 값에 포함되어 있었고 종업원들은 영어를 썼다. 화장실도 지금까지 가 본 곳 중 가장 깨끗했다. 우리는 만두와 면을 시켜 먹었다. 조 선생님이 여행하느라 너무 고생하는 것 같아 내가 기꺼이 대접했다. 우리는 서둘러 택시를 타고 사방장거리버스정류장에 도착했고, 조 선생님은 연대(烟台)로 떠났다. 타지인 중국에 고작 4명이 한국어 교사로 파견되었으니 가족 같고 친구 같았다. 친구, 조 선생님, 조심히 잘 가세요.

회화: 태산이 높다 하나 아름답기는 노산만 하지 못하다.

오리엔테이션에 참가하다

　그제 밤에는 내가 근무하는 청도호텔관리대学의 한국어과(韓國語科) 신입생들을 위한 오리엔테이션이 있었다. 한국의 대학처럼 거창한 환영회나 학생 중심의 행사가 아니라 학과의 교수 소개와 교육과정 그리고 학습 방법을 소개하는 것이 전부다.

　나는 간단하게 중국어로 소개하고 난 뒤 다시 한국어로 소개를 했다. 신입생 30명 중 남학생이 한 명뿐이다. 우리나라의 여느 신입생들처럼 모두 긴장하고 호기심 어린 눈으로 사방을 둘러본다. 나는 한국어가 그들에게 단순한 호기심 정도가 아닌 그들의 삶이자 문화이고, 직업인이 되기 위한 과정이 되길 바란다. 나는 스쳐 가는 한국 선생님이 아닌 인격체로서 그들과 교류하고 싶다. 그들의 친구이자 인생의 멘토가 되고 싶은 마음이다. 나는 신입생들에게 그런 뜻을 담아 이야기했다. 한 명뿐인 남학생에게는 다가가서 허그로 친근감을 나타냈다. 2학년은 남학생이 두 명이다.

　나는 어제 밤에 남학생 2명과 저녁식사를 함께 했다. 호전이는 키가 크고, 예의가 바르다. 한국어를 참으로 열심히 하며 실력도 제법이다. 한국어능력시험인 TOPIK 4급을 준비한다고 한다. 의항이는 한국어를 잘할 줄 모른다. 아직 단어 수준일 뿐이지만, 성격이 쾌활하고 목소리가 아주 좋아 한국어를 배우면 정말 잘할 수 있겠다는 생각이 든다. 식사를 하며 한국어를 잘할 수 있도록 도와주겠노라고 했다. 내 아들과 3살 정도 차이가 나니 아들 같은 느낌이 들었다. 한국의 주도(酒道)를 가르치면서 그들에게 자연스럽게 중국어도 함께 배우는 시간이었다. 중국어를 배우거나 사람을 사귀려면 그들과 식사를 하는 것이 제일 좋은 방법이다. 그들에게 어려울 때는 함께하자는 말을 남기고 헤어졌다.

밤에는 운동장에서 걷기를 했다. 운동장에서 삼삼오오 학생들이 모여 담소를 나누고 있는 모습이 장관이었다. 핸드폰을 두고 서로 음악을 듣는 친구들, 배드민턴이나 축구를 하는 친구들, 달리기를 하는 친구들, 모두가 하나의 큰 그림을 그리고 있었다. 중국의 학생들은 모두가 기숙사 생활을 하므로 그만큼 가까워질 수밖에 없다. 그리고 단체생활의 어려움을 견디고 참는다. 중국은 중학교, 고등학교, 대학교에서 모두 비좁고 불편한 기숙사에서 많게는 6명이 함께 생활한다. 그 어려움을 함께하며 학창 생활을 하니 그들에게는 친구라는 소중한 추억이 남을 것이다. 한국 학생들의 예의 바르고 상대방에 피해를 주지 않으려는 마음도 좋기는 하지만, 공동체 생활에서 남을 더 배려하고 공동체 생활에 대한 인내가 필요하지 않을까 하는 생각을 하게 되었다.

군사훈련이 한창인 캠퍼스, 그리고 사람 섬

중국의 중학교, 고등학교, 대학교 신입생들은 예외 없이 새 학년 새 학기 (9월)가 되면 10일 정도 군사훈련을 한다. 여학생도 똑같은 복장을 하고 군사훈련을 받아야 한다. 군사훈련(軍訓)은 기본 제식훈련인데, 매우 엄격하고 상당한 인내심이 필요하다. 뜨거운 햇빛 아래에서 부동자세와 열병 연습을 하는 것이 보통의 수준을 넘는다. 그럼에도 누구도 불평을 하지 않는다. 중국이 남녀평등을 몸소 실천하는 것은 군사훈련의 단면만 보아도 짐작할 수 있다.

밤이 되면 나는 운동장에 나가 달리기를 한다. 많은 대학생들이 삼삼오오 모여 앉아 핸드폰을 꺼내 들고 서로 비춰 가며 노래도 듣고 이야기를 나눈다. 그 대화에는 친구의 사랑도 있고, 고민도 있고, 우정도 있을 것이다. 그들의 대화를 다 알아들을 수는 없지만 여느 나라의 젊은이들과 비슷한 고민사가 아닐까 싶다. 마치 거대한 바다에 사람이 만든 섬이 여기저기 떠 있는 것 같아 아름다워 보인다.

나는 중국의 대학생들이 비록 시설이나 다양한 활동은 제한을 받지만, 기숙사 생활을 통해 24시간 동안 함께하며 얼마나 소중한 추억을 만들어 갈까 하는 생각을 했다. 나도 그들에게 소중한 추억이 되었으면 좋겠다.

나는 학교나 청도의 관광지, 중국어로 쓰인 재미있는 그림이나 사진, 풍경 등을 한국어로 바꾸어서 수업을 한다. 수업 시작 전에 동기 유발 자료로 그들에게 익숙한 사진이나 중국어 자료에 나온 내용을 한국어로 바꾸어 주면 학습에 호기심을 갖는다.

　한국에서 자주 쓰던 율동, 게임, 몸 체조, 손뼉 치기 등을 사용하여 한국어를 가르쳐야겠다. 이제 한국어를 배운 지 1년밖에 되지 않은 학생들이기에 사실 쉽지 않다. 한국어가 어려워 흥미를 잃거나 포기한 학생들도 많다. 그렇지만 그들에게 한국어를 가르치는 선생님이 참 좋은 한국인이었다는 말을 듣고 귀국하고 싶다. 학생들의 수준을 고려하고 그 누구에게도 소외감을 갖지 않도록 노력할 것이다.

청도 일일 유람

　어제는 스승의 날이었다. 9월 10일이 중국에서는 교사절(教师节)이라고 한다. 대학교라서인지 스승의 날이어도 아무 행사가 없다. 수업이 있으면 수업을 해야 하고 수업이 없으면 출근하지 않아도 된다. 나는 수업이 없었지만 기차표를 구하기 위해 출근을 했다. 함께 중국에 파견된 선생님들과 10월 3일에서 5일까지 태산(泰山)에 가기로 했다. 교무실에 도착하자 카드와 함께 카네이션이 놓여 있었다. 학생회에서 준비한 것이라고 한다. 우리나라와는 많이 다르지만 그래도 기대하지 않던 꽃을 받으니 기분이 좋았다.

　내 옆에 있는 중국인 이 선생님은 호텔 기초지식을 가르치는 분이다. 자신도 등산을 좋아한다고 하면서 나에게 호감을 보였다. 이 선생님의 도움으로 태안(泰安)으로 가는 버스표를 구할 수 있었다. 친절하게 그림을 그려 가면서 청도의 사방장거리버스터미널(四方长途汽车总站)에 가는 방법을 알려 주었다. 아직 중국 카드에 돈이 없어 인터넷으로 표를 구할 수가 없다. 중국에서 월급을 받으면 해결되리라.

　나는 버스터미널에 간 김에 청도 기차역에 가서 청도의 명물인 잔교(栈桥)에 가기로 마음먹었다. 버스표를 구입한 뒤 기차역에서 내려 잔교로 방향

을 돌렸다. 해상황궁이 눈앞에 펼쳐졌고. 잔교해수욕장(栈桥海水浴场)과 제1해
수욕장. 그리고 저만치 잔교가 눈에 들어온다. 사진으로만 보던 잔교와 해
변 풍경이 장관을 이루고 있었다. 잔교는 청나라 광서황제(1891년) 때 처음으
로 건축되었다고 한다. 그 당시 잔교는 해군 군용물자 운송을 위한 자그마
한 부두에 불과했으며 다리의 최장 길이는 200미터였다고 한다. 1897년 독
일이 청도를 침략한 후, 다리의 북쪽 부분을 돌로 다시 건설하면서 다리 길
이를 350미터로 연장했다. 1931년 청도정부에서 재건축하면서 전체 길이가
440미터로 연장되었고, 남쪽 부분에 회란

각(回澜阁)이라는 정자를 건축했고 한다. 이
러한 이유로 잔교는 청도의 100년 항구의
역사이자 상징이 된 것이다.

해수욕을 즐기고 잔교를 관람하는 많
은 사람들이 아름다운 풍광에 색칠을
더하고 있었다. 잔교에는 즉석 사진을 업
으로 하는 사람들, 아이스크림을 파는

사람들, 지도를 파는 사람들이 값싼 가격을 외치고 있었다. 우리나라에서도 흔히 볼 수 있는 풍경이다.

잔교해수욕장에서 나는 과감히 수영을 해 보기로 했다. 지금이 아니면 내년까지는 이곳 청도에서 수영을 해 볼 기회가 없을 것이다. 비싼 입장료와 수영복 대여비를 내고 고작 20분이었지만 청도의 바닷물에 내 몸을 맡겼다. 잠시 나만의 자유를 느껴 보았으니 후회는 없다.

잔교를 지나 바닷가를 따라 루쉰공원(魯迅公園)에 도착했다. 『아큐정전』, 『광인일기』, 『공을기』, 『고향』으로 유명한 루쉰의 이름을 따 루쉰공원을 만들었고 서거 50주년을 기념하여 청도시에서 루쉰상(魯迅像)을 조각하여 그를 기리고 있었다. 루쉰은 문화혁명가이며 사상가이자 위대한 문학가이다. 청도의 대학로(大学路)에는 『낙타상자(駱駝祥子)』로 유명한 라오서(老舍)의 박물관이 있다고 한다. 위대한 문학가이자 사상가인 두 사람이 청도와 인연이 있는 것도 특이할 만하다. 나는 루쉰상 후면에 쓰인 중국어를 한국어로 번역해야겠다고 생각했다. 한국어 수업 시간에 활용할 생각이다. 또한 『고향』의 마지막 명언인("路"其实地上本没有路, 走的人多了, 也变成了路.) "본래부터 길은 없었다. 사람들이 많이 다니게 되면서 길이 된 것이다"라는 문장을 저장해 두었다. 맞는 말이다. 희망은 없는지도 모른다. 우리가 무엇을 하겠다고 실천할 때 희망은 생겨나는 것이다.

루쉰공원을 지나 또 해변을 거닐자 제2해수욕장이 나타났다. 그 해안 길을 따라 근대적 건물과 여러 갈래의 도로가 함께 있는 팔대관(八大关)에 도착했다. 팔대관은 8개의 도로(지금은 10개로 늘었음)와 유럽식 건축물과 자연경관(울창한 숲과 해변)이 조화를 이룬 문화경관지구이다. 그곳에는 결혼을 앞둔 신랑 신부들이 야외 웨딩 촬영을 하며 멋진 장면을 연출하고 있었다.

예비 신부와 신랑들이 연출가의 요구대로 포즈를 취하느라 애쓰는 장면이 안쓰럽기까지 했다. 나는 신부들을 볼 때마다 하오칸(好看), 피아오량(漂亮) 하며 엄지손가락을 펼쳐 보여 주었다. 그러면 신랑들은 기분이 좋아져서 엄지손가락을 치켜든다. 팔대관에서 유일하게 입장료를 내고 들어갈 수 있는 화석루(花石楼)에 입장했다. 중국 사람들이 하도 줄을 많이 서서 무엇이 있나 보다 하고 들어갔다. 장개석(蒋介石) 부부가 머물렀다는 화석루 공관에 들러 장개석의 유품과 유물 등을 둘러보았다. 전시물은 그다지 볼게 없으나 그곳에서 바라보는 제2해수욕장의 조망은 정말 환상적이다. 일몰 속에서 보았다면 더욱 멋졌으리라.

개인 교습을 시작하다

청도호텔관리대학의 한국어과 2학년 학생은 모두 23명이다. 대개 한국 음악이나 한국 영화를 좋아하여 한국어를 배우게 된 것이다. 그야말로 한류 덕분이다. 처음엔 한국어 노래의 가사가 마음에 들고 잘생긴 영화배우나 한국 예능 프로그램을 좋아하여 한국어를 배우게 되었는데, 막상 본격적으로 배우게 되니 쉽지 않다는 것을 점차 알게 되었다. 한국에 여행도 가고 싶고, 유학도 가고 싶은 게 학생들의 꿈이지만 쉽지는 않다. 한국어능력시험(TOPIK)도 5, 6급을 따야 하고 무엇보다 학습 능력이 중요한데 이들에게는 어려운 점이 있다.

학생들마다 개인차가 있고 수업 시간에 책상 아래에서 핸드폰을 만지작거리며 딴짓을 하는 것이 눈에 많이 띈다. 내가 다가가면 얼른 내려놓는 것을 반복한다. 착한 편이라서 금방 행동을 고치지만 다시 핸드폰으로 손이 가는 것은 어쩔 수 없는 일인 듯싶다. 그들에게는 텔레비전, 노트북, 컴퓨터도 없는 학교에서 오로지 핸드폰이 유일한 돌파구인데 어찌 중독성이 없겠는가?

우리 반 남학생 두 명 중 한 명은 비교적 한국어를 잘한다. 그런데 의항이는 한국어를 전혀 못해서 교과서의 교재를 따라올 수 없다. 교재의 본문 학습이 얼마나 고통스러운 일이겠는가? 의항이에게 어떻게 하면 한국어를 쉽게 가르치고 또한 수업을 따라올 수 있게 할 것인지가 제일 고민이었다. 그래서 오늘부터 저녁마다 의항이를 내 숙소로 불러 한글의 기초부터 다시 시작하기로 했다. 하루는 내가 한글을 가르치고 다음 날은 의항이가 내게 중국어를 가르쳐 주면 서로 좋은 학습 방법이 될 것이다.

학교에서 수업하기 전에 나는 동기 유발 자료로 청도의 유명한 관광지나 주변에서 자주 볼 수 있는 광고, 또는 학교생활 중 느끼는 것들을 중국어로 쓴 다음에 한국어를 가르친다. 학생들은 청도에 살지만 의외로 청도의 관광지 중 안 가 본 곳이 많다. 산둥성의 여러 곳에서 이곳으로 유학을 왔기 때문이며, 게다가 학생이라 비싼 입장료 때문에 여행을 자주 못하는 것이다. 따라서 수업 전에 학생들에게 중국의 풍경을 보여 주고 동기 유발 자료로 사용한다. 그리고 교재도 너무 어렵고 한국의 실정에 맞지 않기 때문에 현재의 한국 상황에 맞는 표현이나 현재의 사진, 동영상을 미리 준비하여 교재를 재구성하여 지도하고 있는 중이다.

학생들은 내가 얼마나 많은 시간을 투자해 수업 준비를 하는지 잘 모를 테지만, 양질의 수업을 위해 그리고 대한민국 교사로서의 자존심을 위해 많은 시간을 투자하여 수업 준비를 하는 것은 교사의 당연한 책무라고 생각한다.

수업 중 학생들에게 한 말 중에서

수업을 시작한 지 엊그제 같은데 벌써 2주일이 지났습니다. 처음 여러

분을 만나던 날, 제가 긴장하고 걱정도 많았습니다. 하지만 여러분은 저를 환영해 주었습니다. 여러분께 감사드립니다. 여러분 모두 알다시피 저는 외국인이고 한국인입니다. 외국에 혼자 왔습니다. 외국인이 혼자 살아간다는 것은 고단하고 외롭습니다. 며칠 동안은 제 가족이 무척 보고 싶었습니다. 특별히 부모님이 뵙고 싶습니다. 부모님께서 연세가 많이 드셨기 때문입니다. 어제 저녁에 부모님께 전화를 드렸더니 어머님께서 눈물을 많이 흘렸습니다. 여러분도 학생이자 부모님의 잘생긴 아들이거나 혹은 예쁜 딸입니다. 부모님께 자주 전화를 드리기 바랍니다.

开学好像还是昨天的事儿似的, 明天就是过去了两个星期。大家, 初面见到时, 我又紧张又担心。但是, 大家都欢迎我。所以我感谢同学们. 你们都知道, 我是外国人, 还是韩国人。一个人来了这儿。一个人生活很孤单还有无聊。 我这几天很想故乡。 我想我的家人。特别的是很想我的父母。因为我的父母是老人。昨天晚上我打电话的时候, 我的母亲哭得不得了。同学们, 你们都是学生, 你们都是很帅的男孩子或者漂亮的姑娘。所以你们应该常常打电话给他们。

신입생 환영회(新生晚会)에서

신입생들의 군대훈련(军训)을 이틀 앞둔 오늘 저녁, 드디어 신입생환영회가 열렸다. 입학을 축하하는 자리인지라 많은 학생들이 환영회가 열리는 운동장을 가득 메웠다. 선배들의 사회로 시작된 무대는 다양한 축가와 안무로 꾸며졌다. 특히 한류 가수들의 춤과 노래가 학생들에게 인기가 있었다. 그 복잡한 안무를 따라 하는 모습이 신기하기만 했다. 나도 함께 그

분위기를 즐기기 위해 그 속으로 빠져들고자 했다. 어려운 중국 노래이지만 흥얼거리며 립싱크로 즐겼고, 같이 간 우리 반 학생들과 함께 즐겁게 놀다 왔다. 나이가 지긋한 선생님이 학생들과 같이 노래를 부르고 춤을 따라 하니 학생들도 마음이 편했는지 나를 무척 따르는 것 같아 기분이 좋았다. 내가 즐거우면 남들도 즐거운 법이다. 중국에 왔으니 중국의 문화와 놀이를 함께 즐겨야 하지 않겠는가?

위결과 고야, 의항, 서원이는 참 순진하고 이제 막 피어오르기 시작한 꽃처럼 귀엽다. 남학생에 대해서 이야기하면 얼굴을 붉히는 모습이 정말 예쁘다. 이 순진무구한 학생들에게 나는 어떤 교사가 될 것인가? 오늘 신입생 환영회 사진을 수업시간에 활용해야겠다는 생각에 학생들의 다양한 반응을 사진에 담았다. 마지막에 운동장을 가득 메운 학생들이 핸드폰 플래시로 손동작을 하며 함께 노래를 부르는 모습이 큰 감동의 물결로 다가왔다. 나와 그들의 가슴속에 아름다운 추억으로 자리 잡을 것이다. 오늘 밤은 쉽게 잠을 이루지 못할 듯하다.

수업 중, 사랑에 대하여

이곳의 학생들은 연애에 관심이 많다. 남자친구가 있냐고 물어보면 얼굴이 금방 빨개진다. 동서고금을 막론하고 사랑이란 인류 최대의 관심사이자 최고의 화제인 듯하다. 캠퍼스에서는 이성 친구에게 과감히 애정 표현을 하는 모습이 자주 눈에 띈다. 캠퍼스 안에서 함께 생활하므로 서로 애틋한 정이 드는 것은 당연하다. 우리나라는 지방의 대학가에 함께 집을 구해 부부처럼(일명 계약 커플) 생활하는 학생들도 있지만, 중국의 학생들은 모두가 학교 기숙사에 살고 있어 우리나라와는 좀 다르다. 그렇지만 그들 역시 한창 혈기가 왕성한 젊은이들이니 나는 수업시간에 이렇게 물었다.

"여러분, 사랑이 무엇이라고 생각합니까? 사랑은 달기도 하고 쓰기도 합니다. 따라서 고난을 애정의 시금석이라고 합니다. 고난을 분담하지 않으면 사랑은 유지될 수 없습니다. 그래서 사랑에는 책임이 따릅니다. 여러분, 사랑하세요. 그리고 책임을 지세요."

同学们, 你们觉得爱情是什么? 爱情是有的时很甜的, 有的时很苦。磨难是爱情的试金石, 不能共同分担苦难的爱情是站不住脚。那么, 爱情一定需要责任。各位, 请为爱负责。

수업 중 말하기 연습은 이렇게

이곳의 한국어과 2학년 학생은 한국어를 배운 지 1년밖에 되지 않아 교사의 중국어 실력이 참 중요하다. 나는 수업 중에 가능한 한 중국어를 자주 사용하려 애쓴다. 알아듣지 못하는 한국어로 계속 이야기하는 것은 학생들에게 큰 고통이고, 학습 무력감에 빠질 수도 있기 때문이다.

나의 수업시간은 대부분 8시, 1교시 배치되어 학생들이나 교사인 나도 항상 바쁘고 힘든 것이 사실이다. 그래서 한국어 말하기 지도를 할 때는 다음과 같이 한국어와 중국어를 함께 사용하고 있다.

"저는 어제 노산 등산 1년 카드 (登山一年卡) 를 사려고(要买) 노산풍경구관리국 (崂山风景区管理局) 에 갔습니다. 관리국에 가서 등산 카드를 샀습니다(买了). 그런데(但是) 노산 (崂山) 에 날마다(每日) 갈 수는 없습니다 (去不可以). 5월 1일 (劳动节),

10월 1일(国庆节)에는 못 갑니다(不可以). 그래도 기분이 좋습니다. 한 달(每月)에 두 번 등산을 할 생각입니다."

이처럼 한국어를 욕심껏 많이 가르치려고 하지 않고 중국 학생들이 알고 있는 한국어를 최대한 반복적으로 활용해서 가르치면 학생들의 집중력과 자신감이 는다는 것을 알게 되었다.

핸드폰 때문에 손이 가만히 있지를 못해요

학생들은 핸드폰에서 손을 떼지 못한다. 쉬는 시간뿐만 아니라 수업시간에도 문자 메시지를 주고받느라 정신이 없다. 서구의 기술이나 문화가 들어올 때는 반드시 자기 나라 실정에 맞게 수정해야 한다. 물론 기숙사에 인터넷이나 컴퓨터, 노트북이 준비되지 않아 핸드폰이 큰 위안거리인 것을 모르지는 않지만, 수업시간에까지 핸드폰을 사용하는 것은 지나치다. 그래서 다른 외국 선생님들도 이 문제가 고민거리다.

나도 수업 전에 핸드폰을 꺼내지 말자고 수시로 말하지만 한계가 있다. 다 큰 대학생들이 알아서 해 주면 좋으련만. 그래서 나는 학생들 주위를 돌며 그들 가까이 가거나 핸드폰을 사용하는 학생을 지목하여 질문을 던진다. 그러면 깜짝 놀라며 얼른 핸드폰을 내려놓지만 오래가지 못한다. 핸드폰을 모두 걷게 하는 규칙도 있으나 아직까지 그런 방법을 쓰고 싶지는 않다. 나의 수업 방법과 기술에 대해 더 고민을 해야 답이 생길 것 같다.

오늘 집에 가서 중국어로 연습을 해 보았다. 내일은 학생들에게 이렇게 말해야겠다.

"我觉得我们班的学习气氛很浓。但是有问题一点儿。请不要拿出来你们的手机。"(저는 우리 반의 학습 분기기가 매우 좋다고 생각합니다. 다만 한 가지 부탁드리고 싶은 것은 수업 중에는 핸드폰을 사용하지 말아 주세요.)

그러면 학생들은 어떤 행동으로 보여 줄까?

세계원예박람회장을 가다

사실 청도는 언제 어디를 가도 볼 만한 곳이 많다. 특히 내가 사는 곳인 이촌 구수동로(李村 九水东路)는 노산(崂山)의 줄기에서 흘러내려 청도 항구 쪽 바다로 흘러가는 이촌강(李村江)이 학교 주변에 있다. 그 강줄기를 따라 조성된 원림(园林)과 정원(庭园)이 도처에 있어 아침과 산책하기에 적격이다.

오늘 아침에는 그동안 가 보지 못했던 강의 북쪽을 따라 산보를 시작했다. 한 시간 정도 지나니 2014년 청도세계원예박람회(青岛世界园艺博览会)를 하는 곳이 나타났다. 이곳에 다녀와야지 하는 생각을 여러 번 했었는데 우연히 박람회장에 다다른 것이다.

다행히 지갑을 가져와서 표를 구할 수 있었다. 그곳에서 광동의 홍콩에서 산다는 황 선생이라는 사람과 인사를 하게 되어 그와 함께 박람회장 구경을 시작했다. 그 사람에게 같이 구경해도 좋으냐고 물어보았다. 그 사람은 출장차 청도에 왔다가 시간이 남아 박람회장에 구경하러 왔다면서, 흔쾌히 동행을 허락해 주었다. 그의 친절한 설명을 들으며 정말 편하게 구경할 수 있었다.

평일이라 관람객도 별로 없어 한가하게 셔틀버스를 타며 주제관과 연화

관, 식물관 등을 관람했다. 박람회장의 큰 규모와 면적에 놀랐다. 특히 연화관에 있는 연꽃 화석과 목각예술은 정말 귀한 것이라면서 관리원이 지나가는 우리를 붙잡아 다시 보라고 재차 강조할 정도였다. 주제관에는 중국의 아름다운 절경을 테마로 봄, 여름, 가을, 겨울의 비경을 자연친화적으로 꾸며 놓은 제1호관과 주로 말미잘만을 테마로 꾸민, 수족관인 제2호관 그리고 열대, 온대의 다양한 식물이 즐비한 제3호관이 자리 잡고 있었다. 우리나라 함평 나비 축제장이나 무안 연꽃 축제장과 비슷했으나 그 규모에 압도당할 수밖에 없었다.

개인 입장권(30원) 전체 관람권(9원), 1년 자유이용권(200원) 등이 있으며 셔틀버스 이용권(25원)은 반드시 구입하는 것이 좋다. 하루 종일 걸어 다녀도 구경을 다 못하리라. 새로운 친구의 도움으로 나는 이 아름다운 원예 박람회를 구경할 수 있었다. 오늘 밤에는 서로 주고받은 위챗으로 그와 채팅을 해 봐야겠다. 나는 헤어지면서 그에게 이렇게 말했다.

"我第一次来博览会场, 托您得福, 因为有你, 真是饱了我的眼福." (처음으로 박람
회장에 왔는데 당신 덕분에 당신 때문에 구경을 실컷 했어요.)

그가 파안대소했다.

수업 중 한국 한복을 소개하다

내가 담당한 과목 중 하나는 시청각 한국어이다. 주로 한국의 문화, 풍습, 지리, 역사, 음식 등을 학생들에게 지도하는 과목이다. 2학년 학생들은 한국의 문화에 관심이 많아서 많은 준비를 해야 한다. 한류가 한국어의 위상을 크게 높여 준 것이 사실이다. 그렇더라도 한창 젊은 학생들의 이해와 요구를 만족시키기란 쉽지 않다. 한국인이라도 젊은이들의 문화를 모두 아는 것은 아니니까 어려운 숙제이다. 그래서 학생들과 친해지려고 골목길에서 꼬치구이 안주에 생맥주를 마시며 어울리고, 기숙사에 초대해서 김치찌개와 된장찌개를 끓여 주며 학생들과 가까워지려고 노력했다. 학생들이 조금씩 다가오는 것이 느껴졌다. 선생님이 외로울까 봐 막걸리와 한국 소주를 사 주기도 했다.

다음은 한복 수업을 했을 때의 수업 자료이다. 세배하는 법이나 인사하는 법을 실습으로 직접 지도하고 동영상으로도 보여 주였다.

우리 학교 학생들은 한국말이 서툴러 다음과 같은 방법으로 수업을 진행하고 있다. 작문 시간에는 학생들이 관심을 가밀 만한 기삿거리 등의 사진과 함께 단어로 제시하고, 그 단어들을 연결하여 작문을 하도록 한다.

물론 학생들이 이해하기 어려운 단어는 중국어로 써 준다.

〈복장(衣服)은 시대에 따라 변합니다.(改变) 한국에서는 옛날에는 전통 한복을 입었지만 지금은 선생님이 입은 것처럼 개량 한복을 입습니다. 중국의 치파오(旗袍)는 정말 예쁩니다. 중국의 영화배우 유역비와 한국의 송승헌은 지금 열애 중이라고 합니다. 유역비는 정말 예쁩니다. 서로 아름다운 사랑을 하기 바랍니다.〉

"위 문장을 중국어로 써 보세요"라고 하자, 학생들 중 가장 잘 쓴 학생이 진뢰뢰였다.

"衣服是根据时代改变的。很久之前在韩国穿转统的韩服但是现在老师穿的是一样被改良的衣服。中国的旗袍真的很漂亮。中国的电影表演刘亦菲和宋承憲. 现在在谈恋爱。刘亦菲很漂亮。祝福她们的美丽的爱情。"

9월 19일 청도한인문화축제에 한국어과 학생들과 함께 가다

오늘은 청도의 청양(城阳)에서 광복 70주년 기념 청도한인문화축제가 있는 날이다. 나는 한국어과 학생들이 이곳에 참여하여 한국 문화를 체험하고, 실제 한국어를 듣게 하고 싶었다. 일주일 전부터 공고하여 행사를 안내했다. 특히 한마당 가요제에서 한국어로 노래를 부르게 하고 싶었다.

우리 반에서는 모효도(慕晓陶)가 자원했다. 토요일 오후 12시에 학교 정문에서 만나기로 했는데 뜻밖에 12명이 함께 간다고 하여 내심 기분이 좋았다. 우리 반 학생의 절반이 참여하는 것이다. 한인문화축제가 열리는 청양까지는 버스를 두 번 갈아타야 한다. 1시간 30분 이상이나 걸려서 축제장에 도착했다. 도착하자마자 노래자랑 신청을 확인했다. 학생들은 김치 담그기에 참가했다. 학생들은 빨간 양념을 손에 묻혀 신나게 배춧속을 채우며 김치를 담갔다. 처음 해 본 일이라 힘들었을 텐데도 모두들 즐거워했다. 자신이 담근 김치를 모두 가져가도록 하니 더욱 흥거워했다.

그다음에 학생들은 한복을 입어 보고 사진을 찍느라 시간 가는 줄 몰랐다. 마침내 모효도가 참가한 한마당 노래자랑이 시작되었다. 우리나라 사람들은 정말 노래를 잘 불렀고 고등학생들의 노래와 댄스는 수준급이었다. 모효도는 박혜신의 〈스토리〉라는 노래를 불러 인기상을 차지했는데, 많이 긴장했음에도 아주 잘 불러 주었다. 나는 학생들에게 김밥과 어묵, 떡볶이 등을 사 주었다. 모두들 맛있게 먹으니 나도 기분이 좋았다. 우리 반 학생들은 예의를 갖춰 고맙다는 말과 하루가 즐거웠다는 메시지를 잊지 않았다.

연대 봉래산(蓬萊山)에 다녀오다

이 몸이 죽어 가서 무엇이 될꼬 하니

봉래산 제일 높은 봉우리에 낙락장송 되어 있어

백설이 만건곤할 제 독야청청하리라

우리나라에 있는 봉래산을 찾아보니 두 개의 산이 나온다. 세조가 단종을 몰아내고 찬탈한 계유정란을 받아들일 수 없어, 성삼문이 단종 복위를 꾀하다 죽어 가며 지은 시조이다. 시조 속 봉래산(蓬萊山, 779미터)은 강원도 영월에 있다. 어린 단종이 유배간 곳이 바로 영월이기도 하다. 산기슭에 송산사라는 자그마한 절이 있다고 한다.

다른 하나는 전남 고흥군 외나로도에 있는 봉래산(蓬萊山)이다. 해발 410미터의 아담한 해변가의 산이다. 소록도, 멀리 돌산도와 금오도가 보이는 다도해의 아름다운 경관을 조망할 수 있다고 한다. 나로 우주센터가 들어선 산이라 우리나라 우주과학의 상징이기도 하다.

우리나라와 이름이 같은 봉래산이 산둥의 연대(烟台) 옆 봉래(蓬萊)의 봉래산(蓬萊山)이다. 영월과 고흥의 봉래산, 그리고 가을의 금강산을 일컫는 봉래산 등의 이름이 우리나라에 전해졌다는 산둥의 봉래산을 가 보기로 했다. 『사기(史記)』의 「봉선서(封禪書)」에 의하면, 영주산(瀛州山), 방장산(方丈山), 봉래산(蓬萊山)이 발해(渤海) 해상에 있었다고 전하며, 세 산을 함께 3신산이라 부르는데, 그곳에 선인(仙人)이 살며 불사(不死)의 영약(靈藥)이 거기에 있다고 한다. 또한 그곳에서 사는 새와 짐승은 모두 빛깔이 희고, 금·은으로 지은 궁전이 있다고 한다. 남안의 산둥반도(山東半島)에 있던 고대국가 제(齊)나라에는 그 3신산을 신앙하여 제사를 지내는 풍습이 있었던 것으로 전해진다. 이런 신앙이 같은 제나라의 사상가 추연(鄒衍)의 음양오행설(陰陽五行說)과 결부되어 신선사상의 바탕을 이루게 되었고, 진(秦)나라 시황제(始皇帝)는 서불(徐巿)로 하여금 3신산에서 불로불사(不老不死)의 약을 구해 오게 했다고 전해진다.

내가 가르치는 학생들 중에 연대가 고향인 학생이 5~6명이 있다. 서소평과 란이함은 나에게 봉래산, 남산대불 등을 추천했다. 중추절을 혼자 집에서 보낼 수는 없었다. 그런데 중추절을 이틀 앞두고 버스가 있을지 의문이었다. 중추절 중국인의 이동 모습을 보고 싶어 그냥 사방장도버스터미널로 길을 나섰다. 터미널은 의외로 한가하고 생각보다 복잡하지도 않았다. 도착하자마자 바로 출발하는 버스가 있어 얼떨결에 버스를 타고 말았다. 사실 같이 파견 온 조인숙 선생님이 연대 노동대학에 근무하기 때문에 그 선생님의 근무 환경을 살펴보려는 목적도 있었다. 청도와 연대는 바로 옆 행정구에 있어서 버스나 기차가 많아 편리하다. 올겨울에는 연대와 청도까지 한 시간에 돌파하는 고속철도(고철)도 개통한다고 한다.

연대행 2층 버스에는 승무원까지 있다. 예전에 우리나라에도 승무원이 함께 타서 서비스를 했던 기억이 새롭다. 버스를 타고 가다 노동대학 학생이 옆자리에 앉았다. 일본어과 4학년으로 대학원을 준비하고 있다고 한다.

3시간 30분 동안 우리는 우리나라와 일본과 중국의 문화에 대해 이야기를 나누었다. 이 학생은 한국과 일본을 가 보지는 않았다고 했다. 중국 문화에 대한 자부심이 컸고 중국인들의 공중 예절이나 에티켓 등은 점차 달라질 것이라는 희망을 나타냈다. 참으로 열심히 공부하는 학생으로 보였다. 그 여학생의 친절함으로 돌아오는 버스표까지 구입해 놓을 수 있었다.

봉래산은 연대 버스터미널에서 봉래까지 1시간 40분 정도 완행버스를 타고 가면 된다. 이 버스를 유수(流水)라고 부른다. 흐르는 물처럼 도로를 지나가다 승객이 있으면 버스를 멈췄다가 다시 출발한다. 첫차는 아침 6시 30분, 오후 막차가 8시에 있다. 봉래시의 버스터미널에 도착하여 봉래각(蓬 萊閣)까지 가는 버스를 타기 위해 기다리고 있다가, 버스 안내원의 흥정에 따라 봉래 삼신산(三神山)으로 목적지를 바꾸었다. 봉래각도 바로 옆에 있는 데 입장료가 다르고 또 등산을 하면 시간이 오래 걸릴까 하는 부담도 있었다. 그런데 삼신산이든 봉래각이든 사실은 산이 아니라 그저 바닷가에 있는 그리 높지 않은 야산 수준이고, 케이블카도 있어 어렵지 않은 산행일 것이라는 생각이 들었다. 다만 산행을 할 경우 시간이 많이 걸릴 것 같아 봉래각은 다음 기회로 미루고 삼신산을 관람하기로 했다.

삼신산은 거의 평지였다. 명절을 하루 앞둔 탓인지 관람객이 적어 오히려 이방인인 우리에게는 더욱 좋은 여행이 되었다. 삼신산에 도착하니 국가급경치구 A가 4개가 달려 있는 게 눈에 띄었다. 삼신산의 규모와 경관에 여행자의 입이 벌어졌다. 푸른 하늘과 푸른 바다가 하나가 되어 어디가 바다이고 하늘인지 구별이 안 되었다. 그곳에는 금색과 은색을 섞어 놓은 각종 건축물들이 즐비하게 들어서 있다. 그리고 그 건축물들은 해자(건축물 을 보호하기 위한 물줄기)로 둘러싸여 장관을 이루었다. 마치『사기』의 「봉선서」에 나오는 모습대로 복원하려는 흔적을 확인할 수 있었다.

우리는 여유 있게 건축물, 작품 하나하나를 감상했다. 삼신산에서 꼭 봐야 할 곳은 대성전, 와불, 8선녀, 7공자, 그리고 규화석, 자수정 등의 작품이 전시된 박물관과 나무 조각 작품 전시장 등이다. 그냥 여유롭게 주변 경관을 감상하며 돌아다니는 것도 좋다. 경주의 동궁터 안압지의 야경 이상으로 아름다운 야경도 펼쳐진다고 하니 밤에 보는 것도 좋을 것 같다. 다음에 온다면 봉래각과 삼신산을 함께 보며, 주변 온천에서 숙박을 하는 것도 좋겠다는 생각이 들었다.

청도 시내 관광

공자의 인생 3락은 "學而時習之, 不亦悅乎, 有朋自遠訪來, 不亦樂乎, 人不知而不溫, 不亦君子乎"라고 한다. 내가 사는 이창동(李滄洞)에 흐르는 이촌강변에도 쓰여 있어 아침 운동을 하다가 자주 마음에 새기곤 하는 글귀이다.

낮에는 치박시(淄博市) 치박직업기술대학(淄博职业技术学院)에 한국어과 교사로 파견을 간 동료이자 선배인 정 선생님이 내가 사는 청도에 3박 4일 일정으로 방문하러 오셨다. 한국의 국립국제교육원에서 2주간 같은 숙소에서 지내고 중국으로 파견 온 터라 동지이자 마음 든든한 형님 같으신 분이다. 책 읽기와 산행, 걷기 등을 좋아하시고 조용하면서도 세상사와 여행에 대해서 조예가 깊으신 분이다. 내가 사는 학교 숙소에서 3박 4일을 함께 보낼 생각이다.

28일 11시에 마중을 나가려 했으나 내가 사는 곳과 멀리 떨어진 데다 중추절 연휴까지 겹쳐 1시간 30분이나 더 걸려 청도기차역에 도착할 수 있었다. 우리는 한 달 만에 회포를 풀었다. 먼저 청도기차역과 가장 가까이에 있는 청도를 대표하는 상징물인 잔교(棧橋) 쪽으로 걸어갔다. 금강산도 식후경이니 가까운 곳에서 끼니를 때웠다. 관광지라서 음식 값이 그리 싼 편은 아니었다. 지하도를 따라 잔교에 도착했다. 기차역에서 잔교까지는 5분 거리다. 우리나라 정동진역이 바닷가에서 가장 가까운 역으로 기네스북에 올라 있다고 하는데, 청도역도 건너면 바로 바닷가가 나온다.

나는 잔교를 벌써 세 번째 방문하는 것이다. 야경도 멋지지만 낮에 끊임 없이 이어지는 사람들이 만들어 놓은 다리를 보면 청도의 상징성이 대단 하다는 생각이 든다. 정 선생님과 멀리 보이는 해상황궁을 배경으로 사진 을 찍었다. 관광객들끼리는 서로 눈치가 있기 때문에 사진을 찍어 주는 부 탁 등은 길게 말하지 않아도 된다. 사진을 찍고 예쁘다는 말 한마디는 꼭 해 주는 것이 좋다. 잔교를 지나다 보면 사진사들이 즐비하게 늘어서 있지 만 정작 사진을 찍는 사람은 거의 없다. 모두들 스마트폰으로 찍고 있으니 잔교의 사진사들도 하나둘씩 사라질 것이다. 한 번쯤은 사진을 출력해서 보관할까 싶기도 했다. 우리가 그 순간에만 감탄하고 금방 잊어버리는 생 활 패턴에 익숙해지고 있지 않은가. 이런 생각이 갑자기 잔교에 부딪치는 파도소리 사이로 들어왔다. 회란각을 한 바퀴 돌아서 멀리 보이는 해군박 물관을 배경으로 사진을 찍고 잔교를 벗어 나왔다.

잔교 바로 앞은 중산로(中山路)이다. 청도에는 손문(孫文)의 이름을 딴 중산 로와 중산공원이 있다. 삼민주의(민족, 민권, 민생)로 유명한 손중산(孫中山)이 청 도를 방문하여 독일 총독부의 총 책임자에게 중국 독립의 필요성을 이야 기하고, 청도 시민들에게도 독립에 대한 자각을 강조한 탓에 손문은 청 도에서도 환영을 받고 있었나 보다. 중산로를 따라 천주교 성당에 도착했 다. 청도에서 최대의 고딕 건물인 천주교 성당은 맞은편 신호산(信號山) 앞자 락에 위치한 기독교당과 더불어 독일 건축물을 대표한다. 천주교 성당은 1932년에 짓기 시작하여 1934년에 준공한 건물이다. 웨딩 촬영을 하는 신

혼부부들이 많았는데, 신랑에게 한껏 신부가 예쁘다고 말하고는 신부와 사진을 한 장 찍고 싶다고 부탁했더니, 흔쾌히 허락을 해 준다. 천주교 성당을 배경으로 100년이 넘는 역사만큼 이 부부가 백년해로하기를 빌어 주었다. 천주교 성당을 지나 기독교당에 들어섰다. 천주교 성당 안은 미사를 드리는 것처럼 보였으나 기독교당 안에는 관광객을 위한 형식적인 도구 등을 갖춰 놓은 듯하다. 중국이 아직 기독교를 인정하지 않은 것이 단적으로 드러나는 장면이다. 기독교당의 오래된 시계가 지금도 기계장치로 돌아가는 것을 보면 독일인의 정교함이 오랜 역사를 지녔다는 생각이 든다.

기독교당을 내려와 우측으로 야트막한 산이 있는데, 신호산(信号山)이다.

이 조그만 산에 들어서는데도 입장료를 받아 동네 야산을 자주 등산하는 우리로서는 생소한 기분이 들었다. 중국은 조망이 좋은 곳에는 대부분 시설을 설치하고 돈을 받았다. 신호산 정상에는 버섯 모양의 회전 망루가 있어 청도 시내를 둘러볼 수 있다. 정상에서 바라보니 왜 청도를 동양의 나폴리라고 하는지, 감탄이 절로 나온다. 말 그대로 붉은 지붕과 녹색의 산림, 푸른 바다와 찬란한 하늘이 어우러져 그림을 그리고 있었다. 이 말을 중국어로 "红瓦绿树, 碧海兰天"라고 한다.

신호산을 내려와 바닷가 쪽을 지나 내려가면 영빈관(迎賓館)이라는 청도독일총독부 옛터가 나온다. 그곳은 독일 총독 가족이 살았던 주거 공간, 손님 접견실, 회의실, 그 당시 사용했던 피아노, 전화시설 등이 전시되어 있다. 이곳에 모택동(毛澤同)과 장개석(蔣介石)도 휴가를 즐기며 머물렀다고 하니, 그 규모와 시설이 얼마나 대단한지 알 수 있다.

나는 중국 현지 관광객을 이끌고 설명하는 가이드를 따라다니면서 설명을 들으려고 노력했다. 완벽하게 들리지는 않지만 가이드가 무슨 말을 하는지 정도는 알 수 있었다. 다행히 숙소에 거실, 천장, 창문, 벽지, 커튼, 부엌용품 등의 명칭을 중국어로 붙여 놓고 공부를 하던 터라 더욱 잘 들리는 것 같았다. 그 건물이나 지역을 모를 때는 무조건 가이드를 따라다녀야 한 가지라도 배우고 나올 수 있다. 제일 먼저 건물의 표지판을 찍는다. 그다음에는 그 건물에 대한 안내판을 찍는다. 그래야 나중이라도 그 건물의 기능과 명칭을 찾아볼 수가 있다. 그러고는 그 건물의 사진을 찍어야 한다. 제일 마지막에는 본인이 들어간 사진을 찍는다. 학생들에게 수업 자료로 활용할 때도 먼저 그 건물 사진을 보여 주면 학생들이 더욱 신뢰를 하게 된다. 여기에 그 건축물과 관련된 배경 스토리를 이야기해 주면 금상

첨화다.

정 선생님과 나는 루쉰공원의 해변 길을 걸으며 안중근 의사가 이곳 청도에서 일 년 동안 세탁소 직원으로 머무르면서 독립운동을 준비했던 일, 상해에 있는 루쉰공원과 청도의 루쉰공원에 대해 이야기를 나누었다. 상해의 루쉰공원은 우리에게는 홍커우공원(紅口公園)으로 잘 알려진 윤봉길 의사가 도시락 폭탄으로 일제 원흉에게 항거한 곳이다. 이곳의 루쉰공원은 규모가 작고 청도시에서 루쉰 탄생 백 년을 기념하여 만든 자그마한 공원인데, 해안 둘레길이 아름답게 펼쳐져 있고 제1해수욕장의 풍경을 조망할 수 있는 멋진 곳이다.

마치 우리나라의 제주도 해안 올레길을 걷고 있는 듯한 착각에 빠져든다. 이곳을 마지막으로 정 선생님과의 짧고도 긴 청도의 하루 여행이 끝나고, 우리는 내가 사는 숙소로 이동했다. 내일은 노산(崂山, 라오산)의 거봉 등반이 기다리고 있다. 지난번에 조 선생님과 케이블카로 다녀왔으나 정 선생님은 그것이 통할 리 없다. 걸어서 끝까지 등반을 할 기세다. 정말 힘들텐데… 내일은 내일의 태양이 떠오를 테니, 생각하며 늦은 잠을 재촉했다.

태산보다 더 멋진 산

아침 일찍 일어나 식사 준비를 했다. 안방을 내주었으나 굳이 거실에서 주무시는 선생님이 깰까 봐 조심조심 식사 준비를 했다. 된장찌개를 맛있게 드시는 선생님 덕에 마음이 편해졌다.

노산의 거봉을 향해 나섰다. 지난번에 본 노산이 너무 좋아 220위안을 주고 노산 1년 등산카드를 이미 만들어 놓았다.

　　옛말에 "태산이 비록 높으나 동쪽 바다의 노산만 하지 못하다"라고 했다. 어떤 사람은 "노산에 오르지 않고 청도에 왔다고 할 수 없다"라고 했다. 전국의 명산 중 유일하게 노산은 바닷가에서 위치하여 바다의 명산 1위로 꼽힌다. 연안의 별이 점점이 있는 섬이 노산의 바다를 이루고 있다. 노산의 돌로 된 오솔길에서 바라보면 한쪽은 푸른 바다, 다른 한쪽에는 푸른 소나무 괴석이 있다. 그 속을 거닐다 보면 선경에 온 것 같다. 예부터 도교의 성지였던 이곳에서 장춘(長春)과 장삼풍(張三豐)이 도를 닦았다. 기존의 도관은 대부분 훼손되었으나, 아직까지 보존된 것 중 태청궁의 규모가 가장 크고, 가장 오래되었다. 부송령의 기괴한 이야기와 수많은 문인들의 글씨도 노산의 신비로움과 문화의 향기를 더해 준다.

　　古语云 "泰山虽云高, 不如东海崂"。有人说, 不去崂山等于没来青岛。全国的名山中, 唯有崂山是在海边拔地而起的, 被誉为 "海上名山第一"。沿海星星点点的岛屿,组成崂山的海上奇观。徜徉在崂山的石板小路上，一边是碧海蓝天，另一边是青松怪石，游走其中，让人顿生云游仙境的错觉。崂山自古就是道教圣地，丘长春，张三丰都曾在此修道。原有的道观大多毁坏，保存下来的以太清宫的规模为最大，历史最悠久。蒲松龄笔下奇幻诡谲的故事和众多文人骚客的题字也为崂山凭添了一抹神秘感和文化气息。

내심으로는 거봉을 이미 가 보았기에 앙구경치구(仰口风景区)로 가자고 하고 싶었으나 정 선생님은 노산의 최고봉인 거봉(1,132미터)을 등반하고 싶어 했다. 손님을 대접한다는 마음으로 기꺼이 따라나섰다. 단 내려올 때는 케이블카(索道)를 탄다는 조건을 달고서. 그런데 오늘 거봉유람구(巨峰游览区)에 바람이 너무 많이 불어 케이블카 운행을 안 한다는 매표소의 게시판이 눈에 들어왔다. 그래, 맞는 말이다. 케이블카로 10분 만에 등반한다면 등산했다고 말할 수 있겠는가? 우리는 노산이 기계를 허락하지 않고 맨몸으로만 들어오라는 말을 거절할 수 없어 또 다른 세계로 빠져들었다. 자연이 빚어낸 경관에 감탄하고, 산행을 하며 그동안 버리지 못한 나의 욕심과 위선을 닦아 내며 나를 버리고자, 산행을 시작했다.

2시간이 안 되어 정상인 링치펑(靈旗峰)에 도착했다. 정상에서 바라보는 청도 시내와 강한 바람으로 황해(서해)에서 불어오는 파도가 만들어 낸 해일의 포말로 청도의 해수욕장이 하얀 물감을 짜 내고 있었다. 하늘의 다리(天桥)를 배경으로 사진을 찍으니 내 마음이 넓어진 느낌이 들었다. 그래, 이마음으로 청도에서 일 년을 보내야지. 더 넓은 가슴으로 품고 이해하고 살자. 노산은 그저 나를 품어 줄 뿐 말이 없지 않은가.

걸어서 하산하는 기분이 가볍다. 우리는 일찍 출발한 터라 그제야 사람

들이 하나둘씩 올라오기 시작했다. 그들이 정상까지 아직 멀었냐고 묻는다. 어쩌면 한국이나 중국이나 똑같은 질문을 할까? 우리는 한국에서와 똑같이 대답해 주었다. 금방 도착한다고. 10분만 더 가면 정상이라고. 물론 거짓말이다. 앞으로도 40분은 더 가야 한다.

산 정상까지 모두 돌계단으로 만들어 놓은 것은 못내 아쉽다. 우리나라처럼 위험한 곳은 계단이나 밧줄 등으로 만들어 놓고 산길 그대로 놔두면 오히려 더 자연스러울 텐데. 치마를 입은 사람이나 구두를 신고 산에 오르는 사람들을 보면 조금은 안타까운 생각이 든다.

또 하나, 바위에 왜 그리 많은 한자를 쓰고 그림과 조각을 그려 넣었을까. 자연이 준 대로 놔두는 게 자연에 대한 예의가 아닐까. 중국 사람들이 자연이 준 위대한 선물을 잘 보존하고 관리하는 법을 하루 빨리 배울 수 있기를 바랄 뿐이다.

국경절에는 밖에 나가면 안 돼요

　오늘은 중국 건국 66주년이 되는 국경절이다. 1949년 10월 1일 천안문 광장에서 건국을 선언한 등소평의 카랑카랑한 목소리가 들리는 듯 여기저 기서 축포가 터진다. 오늘은 정 선생님이 치박시(淄博)로 돌아가는 날이다. 청양(城阳)에서 한국인 식당을 가고 싶다기에 약간 망설였지만 따라나섰다. 청양은 여기서 2시간가량 가야 하고 마땅히 아는 곳이 없었다. 일단 한국 식당이 많다는 짜짜위엔 근처로 가기로 했다. 가기 전에 이촌공원 주변 경 관을 구경하고 국경절 분위기도 느껴 보았다. 청양까지는 역시 멀었다. 어 렵게 도착했으나 어디가 어디인지 잘 몰라 헤매다 택시를 타고 한국 식당 을 찾았다. 김치찌개와 된장찌개를 시켰다. 한국인 사장에 종업원은 모두 중국인이었다. 실내가 깨끗하고 음식이 정갈했다. 종업원도 모두 친절했 다. 기차 시간에 쫓겨 서둘러 청도기차역으로 출발했다. 루쉰공원이나 해 저극지, 잔교 등 주요 관광지에는 사람들이 북적였다. 국경절이라 바다가 없는 육지에 사는 중국인들이 청도로 관광을 나선 것이다. 바다와 산이 도시에 있다는 것은 얼마나 복된 일인가? 모레 떠날 태산을 꿈꾸며 하루 를 마감한다.

청도 이촌광장 풍경

오늘은 하늘도 유난히 맑다. 그동안 준비를 했던 태산(泰山)과 곡부(曲阜) 여행을 떠나는 아침이다. 원래 같이 파견된 4명의 선생님과 함께 여행하기로 했었는데 사정 때문에 남자 2명만 가게 되었다.

이번 여행 일정은 태안에서 대묘, 태산 등반, 그리고 곡부로 이동하여 공묘(孔廟), 공부(孔府), 공림(孔林)이라는 3공(三孔)을 관람하고 오는 것이다. 중추절과 국경절 연휴가 9일이라 중국 인구의 절반인 6억 명 이상이 이동을 한다. 표를 구하는 것도 호텔을 정하는 것도 어려웠다. 태안에서 청도로 돌아오는 기차표는 중국 학생의 도움을 받아 구했지만, 태산까지 가는 기차표가 없었다. 나는 청도사방장도버스터미널로 직접 가서 제일 이른 아침 7시 버스를 예약해 놓았다. 10월 3일 호텔은 태안이 고향인 안목평 학생에게 부탁했다. 10월 4일 저녁 호텔은 내가 인터넷으로 예약을 해서 호텔과 교통문제가 해결되었다. 그리고 호텔에 서툰 중국어로 전화를 걸어 방 한 개씩을 취소했는데 종업원이 제대로 알아들었는지 나중에 도착해 확인해 보기로 했다.

아침 일찍 집을 나섰다. 버스터미널까지는 택시비가 70원(1만 4,000원) 정도

다. 먼저 오는 버스를 타고 터미널과 가장 가까운 곳에 내려서 택시를 타기로 했다. 버스비는 1원(200원)이다. 이른 아침인데도 많은 사람들이 버스를 기다리고 있었다. 대개는 고구마, 호박, 야채 등이 담긴 큰 보따리를 버스에 싣는다. 인근에 사는 농부들이 이곳에서 멀리 떨어지지 않은 이촌시장에 가기 위함이다. 이촌시장은 산둥성에서도 가장 큰 5일 시장이다. 음력으로 2일, 9일, 12일, 17일, 22일, 27일에 열리니 우리나라와 같은 장날인 셈이다. 그 모습을 보니 아직도 시골에서 농사를 지어 새벽에 버스를 타고 시장으로 농산물을 팔러 다니시는 부모님이 더욱 그리웠다. 주름진 중국 할머니, 할아버지 모습에 우리 부모님 얼굴이 스쳐 지나간다.

이촌광장에서 버스를 내려 이촌공원에서 택시를 탔더니 24원(4,800원)이 나왔다. 나도 중국 사람이 다 되어 가는 듯하다. 중국의 다른 지역에서도 마찬가지겠지만 청도에서 택시를 탈 때는 터미널이나 공항, 역 바로 앞에서 택시를 타면 대개 바가지요금을 받거나 합승을 요구하거나 다른 곳을 경유하는 경우가 많다. 될 수 있으면 조금 걸어 나와 일반 도로에서 택시

를 타는 것이 좋다. 또 얼마에 가자고 흥정하지 말고 미터기로 끊자고 하는 것이 좋다. 아무리 중국인인 것처럼 말을 해도 한국 사람이라는 걸 기사들은 알고 있다. 그들은 한국인 여행객이 돈이 많다고 생각한다. 택시기사와 승객 사이는 창살로 가려져 있다. 이곳은 승객을 더 무서워하는 모양이다. 나는 그다지 무서움을 느끼지 않아 택시를 타면 항상 기사 옆에 앉는다. 아직 신체 건강한 내 자신을 믿는 구석도 있다. 위험한 발상일까?

기사들은 승객과 대화하는 것을 좋아한다. 특히나 한국인에게는 적극적으로 호감을 표시한다. 2007년도 북경 올림픽을 앞두고 중국에 왔을 때는 택시 기사들이 승객은 아랑곳하지 않고 담배를 피우곤 했다. 그러나 지금은 대도시를 중심으로 택시나 버스 기사들의 흡연 문화가 상당히 좋아지고 있다. 아직 청도에서 택시 기사가 운행 중에 흡연하는 장면을 본 적이 없다. 아무튼 한국과 중국의 흡연 문화 등에 대해 이야기를 나누다 보니 어느덧 청도사방장도버스터미널에 도착했다. 택시 기사가 나보고 중국어 실력이 좋다고 자꾸 손을 치켜세우는데 인사치레라는 것을 안다.

6시 30분. 터미널 앞에서 우리나라의 부침개 같은 전병과 유티아오로 요기를 했다. 한국에서는 길거리에서 음식 먹는 것이 이상한데 이곳에서는 자유롭다. 마음대로 들고 다니면서 먹는 즐거움을 누려 본다.

청도의 이촌광장에서는 중년층과 노년층이 자연스럽게 사교춤을 즐기는데, 어느 누구도 춤바람이라고 말하지 않는다. 우리나라에서는 춤 교습소 또는 콜라텍 같은 닫힌 공간에서 다른 사람 눈치 보아 가며 남녀가 돈을 주고 사교춤을 배운다. 심할 경우에는 춤바람이라고도 한다. 이곳에서 사교춤은 건강을 위한 것이다. 나이 지긋한 분들이 넓은 광장에서 사교 댄스를 즐기니 보기에도 좋다.

장이모 감독의 영화 <붉은 수수밭> 촬영지를 지나다

태안행 버스는 여행자를 태우고 청도를 미끄러져 나간다. 잠을 청했지만 좀처럼 잠이 오지 않았다. 그런데 2시간이 지났는데도 버스가 아직 청도를 벗어나지 못했다. 청도의 간이 터미널을 모두 들르고, 주유소에서 30분을 소비한다. 그리고도 고속도로 진입로에서 또 승객을 기다린다. 직통버스인 줄 알았는데 고속도로 진입하기까지 손님을 모두 태우고 출발하는 버스란다. 답답증이 일어 숨이 막혔으나 어찌하랴. 모르고 탄 내 잘못이지. 드디어 버스가 청도 옆에 있는 황도의 교주만대로로 진입한다. 교주만대로는 청도와 황도를 잇는 바다 위에 위치한 큰 해상대교이다. 얼마나 큰지 건너는 데에만 30분이 걸렸다. 마치 안개 속을 헤치고 떠나는 은하철도 999가 생각났다. 이 대로를 지나니 마음이 한결 느긋해진다. 4시간 더 가면 태산에 도착할 것이다. 조급한 마음을 버리고 태산 같은 크고 넓은 마음을 갖도록 기도하고 와야겠다고, 나는 버스에 몸을 맡기고 태산에 내 마음을 기댄다.

청도를 벗어나자 보이는 것은 온통 넓은 평야이다. 산도 바다도 없이 광활한 대지가 눈앞에 펼쳐진다. 들판에는 옥수수가 가득하다. 드문드문 삼삼오오 모여 수확에 바쁜 농부들과 모처럼 찾아온 가족들이 농사일을 도와주고 있는 장면이 스쳐 간다. 장이모 감독, 공리 주연의 <붉은 수수밭>도 저렇게 드넓은 들판에서 촬영했겠구나. 갑자기 숙연해지기까지 한다. <붉은 수수밭>은 5세대 감독인 장이모 감독이 영화와 드라마를 만들었는데, 지금 지나가는 고밀이 주 배경이었다고 한다. 일본의 약탈 과정과 이에 대항하는 농부들의 삶, 그리고 고량주를 만들어 파는 핍박받는 여인

의 삶을 다룬 이 영화로 공리가 일약 스타에 올랐다. 단지 아쉽게도, 유부남인 장이모 감독이 공리와 동거를 시작하면서 전처와 자식들에게 상처를 준 것은 자신의 작품을 통해 여성의 고통을 고발하고자 한 뜻을 스스로 어긴 행동이 아닐까 하는 생각이 들었다.

농부들 옆에서 신나게 뛰어놀고 있는 꼬마의 머리에 햇살이 유난히 빛난다. 아들로 보이는 젊은 남자가 앞에서 끌고 뒤에서 쟁기로 밭을 가는 촌로의 모습이 우리 아버지의 쟁기질하는 모습과 오버랩되었다. 한참 눈을 떼지 못하고 버스를 따라 시선이 움직인다. 참 고향이 그리운 아침의 풍경이다.

버스는 6시간 만에 나를 태안에 내려놓았다. 옆에 앉은 사람에게 멀리 보이는 산이 태산이냐고 물었더니, 태안이 고향이라던 그도 잘 모르겠다고 한다. 먼저 도착한 정 선생님이 반갑게 맞아 주었다. 그사이 태산으로 태워 준다는 호객꾼들이 달려들어 정신이 없었다. 태안시내를 둘러보니 청도와 사뭇 다른 분위기가 느껴진다. 청도가 깨끗한 도시의 아파트라면 태안은 시골집 같은 포근한 이미지다. 청도에서는 볼 수 없는 전동오토바이와 자전거, 오토바이를 개조한 택시(出租车)가 눈에 많이 띄었다. 나는 물론 태안 같은 분위기를 좋아한다. 오랜만에 오일장에 나온 느낌이었다. 우리는 버스를 타고 우여곡절 끝에 상하교(上河橋)에 위치한 호텔에 도착했다. 다행히 태안이 고향인 제자 목펑이가 언니와 함께 전동오토바이를 타고 마중 나와 주었다. 호텔에서는 예약자의 신분증이 필요하고, 압금(押金)이라고 부르는 예치금도 미리 내야 했다. 목펑이는 우리에게 아버지가 재배하는 땅콩을 선물로 주었다. 태안에서도 2시간이 걸려 집으로 돌아가야 하는 목펑이에게 고마운 마음뿐이다.

늦은 점심을 먹고 대묘(岱庙)로 향했다. 대묘는 역대 황제들이 태평성대를 기원하는 봉선의식을 행하고 태산(泰山)의 신에게 제사를 지낸 곳이다. 즉 태산에 오르기 전에 이곳에 왔음을 알리는 곳이다. 이날 오후 우리는 대묘에서 내일 본격적으로 등반할 태산을 올려다보며 전의를 불태웠다.

태산에 오르다

7시에 호텔식으로 아침을 간단히 해결하고 태산(泰山)을 향해 출발했다. 태산 등반은 대묘(岱庙)의 일직선 북쪽에 위치한 홍문로에서 시작된다. 버스에서 내리자 주차장 주변에는 이미 수많은 사람들이 있었다. 산행을 시작하거나 아니면 밤새 일출을 보고 왔는지 벌써 하산하는 사람들도 눈에 띄었다. 우리는 서로 말하지 않아도 자연스럽게 각자의 등반 속도에 맞추어 움직이기로 했다. 정 선생님은 빠른 걸음으로 나는 느린 걸음으로 출발했다. 태산 등반은 결코 쉽지 않았다. 산 높이는 1,500미터가 넘었지만 정작 힘든 것은 가도 가도 끝없이 이어진 사람들의 행렬이다. 사람들의 흐름에 내 몸을 맡길 수밖에 없었다.

표지석에는 다음과 같은 안내가 적혀 있었다.

世界文化与自然双重遗产, 世界地质公园, 全国重点文物保护单位, 国家重点风景名胜区, 国家AAAAA级旅游景区。

泰山位于山东省泰安市中部。主峰玉皇顶海拔1545米, 气势雄伟磅礴, 有"五岳之首", "五岳之长", "天下第一山"之称。自古以来, 中国人就崇拜泰山, 有"泰山安,

四海皆安"的说法。在汉族传统文化中，泰山一直有"五岳独尊"的美誉。自秦始皇封

禅泰山后，历朝历代帝王不断在泰山封禅和祭祀，并且在泰山上下建庙塑神，刻石题

字。古代的文人雅士更对泰山仰慕备至，纷纷前来游历，作诗记文。泰山宏大的山体

上留下了20余处古建筑群，2200余处碑碣石刻。

내용을 살펴보니 태산은 세계 문화 및 자연의 중요 유산으로 세계지질
공원으로 등재되어 있으며, 전국 중요 보호 단위라고 한다. 5A급의 국가명
승지구이다. 태산의 높이는 해발 1,545미터, 기세가 웅장하여 중국 오악의
하나이며, 진시황제 때부터 하늘에 봉선의식과 제사의식을 시작했고, 태
산에는 20여 개의 건축물과 2,200여 개의 석각이 있다고 한다.

하늘과 땅에 제사를 올리는 봉선(封禪) 의식은 순임금 때부터 시작되었
다. 춘추전국시대에 와서는 춘추전국의 왕에 의해 계승되었다. 당시 사람
들은 태산이 이 세상에서 가장 큰 산이라고 생각했을 것이 분명하다. 그렇
기 때문에 가장 큰 산인 이곳에서 아들인 황제가 아버지인 하늘에 제사를
지내는 것이다. 물론 본인이 하늘의 아들임을 천하에 알리는 의식이기도
한 것이다. 특히, 전국을 통일한 진시황제에게는 자신의 업적을 하늘에 고
하는 일이므로 얼마나 신경을 썼을 것인가? 오늘날에도 태산은 가족의 건
강과 사업의 번창을 빌고자 하는 중국 사람들의 소망이자 존경의 대상이
다. 모두들 한 손에는 지팡이를 한 손에는 제사를 지낼 향을 준비하여 오
르는 모습이 이채롭다. 특히나 80살이 넘어 보이는 노인, 4살쯤 되어 보이
는 아이도 부모 손을 잡고 올라가는 모습에서 그들의 소망이 느껴진다.

담장과 문들이 모두 붉은색인 홍문로를 따라 첫 번째 묘인 '관제묘'가 나
타났다. 관제묘는 글자 그대로 관우를 제사하기 위한 사당이다. 태산과 관

우가 어떤 연관인지는 고개가 갸우뚱해지나, 안내판을 보니 언제 창건되었는지 알 수 없으나 명청 시대에 상업하는 사람들이 다시 지었다고 한다. 중국에 약 30만 개의 관제묘가 있다고 하니, 이곳 태산의 제일 아랫자락에라도 관우를 모시고 싶었을지도 모른다. 중국에서는 관우도 거의 신처럼 받든다고 하니 그럴 만도 하다. 조선시대에 명나라와 공동으로 만든 '동관왕묘'가 서울 종로구 숭인동에 있다. 또 일월오악도 앞에 금동으로 만든 관우 좌상이 근엄하게 자리 잡고 있으니, 우리도 촉나라의 충과 의리의 상징인 관우의 모습을 볼 수 있다.

조금 더 오르니 천하기관 등반의 처음 기점임을 알리는 '일천문'이 나타났다. 태산에 내가 왔노라고 조용히 되뇌며 산행을 시작한다. 두 번째 나타난 문은 '공자등림처'이다. 공자가 이곳을 거쳐 태산에 등반했다는 뜻이다. 공자님이 가신 길 따라 나도 그 길을 가련다. 하늘의 계단이라고 쓰인 '천계'를 지나니 '홍문'이 나타난다. 문과 담장과 심지어는 돌마저도 붉은색을 띠고 있다. 홍문은 홍문궁과 연결되어 있고 바로 뒤에는 수많은 비석들이 세워진 비운각과 만나게 된다. 그 비석을 하나라도 읽고 지나가면 좋으련만 뒤따르는 사람들이 그런 호사를 허락하지 않는다. 드디어 표를 파는 '만선루' 앞에 도착했다. 표를 파는 곳이 여섯 곳이나 있는데도 20분 이상을 기다려서야 표를 구할 수 있었다. 표는 125원이지만 수수료가 2원 더 붙어 127원을 받는다. 비성수기에는 100원 정도로 가격이 싸다. 태산은 24시간 언제든지 들어갈 수 있다. 입장 시간 제한이 없는 것은 '태산일출'을 보려는 수많은 이들과 상술이 밝은 중국 사람들의 특징 때문이리라. 먼저 '패루'라고 불리는 문이 나타나고 그 문을 지나면 작은 사당이 보인다. 각 사당에는 각기 다른 신들이 모셔져 있다. 약신, 재물신, 태산여신, 관음

전 등 수많은 신들을 이곳에 모셔 놓고 복을 기원하는 것이다.

봉선의식을 위해 따라오던 말도 돌아갔다는 '회마령'을 지난다. 등에 땀이 나기 시작하지만 좀처럼 쉴 만한 공간이 보이지 않는다. 뒤에서 들리는 발자국 소리, 거친 숨소리가 나를 자꾸 위로 가라고 밀어 댄다.

앞을 바라보니 거의 수직으로 산행길이 펼쳐져 있다. 다리가 떨리고 눈에 벌써 겁이 들어선다. 거의 수직의 계단을 올라가며 체력의 한계를 느낄 때쯤 '중천문'에 이르렀다. 마치 무등산의 중봉쯤에 오른 듯 앞에 펼쳐진 태산 정상이 장관을 이룬다.

한 아이가 계단을 걸어오다 힘들다고 투덜거리자 아빠가 이렇게 말했다. "얘야, 앞을 보지 말고 네가 걸어온 뒤를 쳐다봐라." 이렇게 중국어가 들리기 시작하는 것은 정말 기분 좋은 일이다. 중천문에 이르면 케이블카를 탈 수 있다. 한 번 타는 데 100위안, 아주 비싼 가격이다. 물론 탈 생각은 추호도 없다. 셔틀버스나 케이블카를 타고 산에 오르면 그것은 산에 오른 것이 아니라 산에 들른 것이다.

이제 본격적인 계단이 시작된다. 겨우겨우 수직으로 이어진 길의 끝자락에 다다르니 진시황제를 태운 가마가 오다 가다를 18번이나 하면서 힘들게 통과했다는 '18판'이 나타난다. 용문에 오른다는 등용문의 '용문'도 지나, 신선이 오른다는 '승선방'의 계단 중간쯤에서 뒤를 돌아보니 수많은 사람들이 점으로 보일 뿐이다. 모두들 계단 하나하나에 각자의 걱정거리를 놓고 새로운 꿈과 소망을 담아 힘차게 오르고 있으리라. 저 앞의 '남천문'을 지나면 계단의 끝이다. 남천문을 통과하니 또 다른 비경이 펼쳐진다. 어디를 보아도 태산의 산맥이 단풍으로 물들어 가는 모습이 장관이다.

하늘의 거리라 불리는 '천가'에 도착하니 사람들이 점심을 먹고 있다. 천가에는 공자를 모신 '공묘'가 있어 공자님의 인기를 실감할 수 있다. 분서갱유를 자행했던 진시황제는 이곳에 공자의 사당이 생길 것이라고 상상이나 했겠는가? 천가에서 조금 지나니 주은래(周恩來)가 노년에 태산을 등반하고 썼다는, "태산에 올라 조국 산하의 아름다움을 보노라"라고 쓰인 한자 비석이 보인다. 나이 들어서인지 필체에 힘이 없어 약하게 흘러내렸지만 조국 강토에 대한 감회가 느껴졌다. 서쪽의 신을 모셨다는 '서신문'과 송나라 때 만들어진 '벽하사'를 지난다. 벽하사는 벽하운군을 모신 중국 도교식 건물인데, 높은 산에 위치한 건축물로 가치가 높다고 한다.

드디어 정상이 눈앞이다. '오악돈존'이라고 쓰인 바위 앞에서 사람들은 사진을 찍느라 정신이 없고 병목현상처럼 좀처럼 앞으로 나아가지 못한다. 태산이 정상을 그리 쉽게 내주겠는가? 마침내 정상에 올랐다. 더 이상 올라갈 곳도 없다. 그런데 4시간 가까이 힘들게 올라왔는데 허탈감이 들었다. 태산을 오른 사람이라면 그 마음을 헤아릴 수 있을 것이다. 역대의 황제들 중에서도 봉선의식을 제대로 치른 황제가 손으로 꼽을 정도인 이곳에서, 나는 왜 마음이 답답해지는 것일까?

산의 가장 높은 곳에 위치한 군사시설처럼 보이는 통신탑에 눈살이 찌푸려졌고, 정상에 있는 사당에서 복을 기원하는 모습이 이방인인 나를 당황스럽게 한다. 이 아름다운 산의 입구부터 정상까지 각종 음식과 물건을 파는 상점이 있으니 안타까울 따름이다. 수많은 글씨가 새겨진 바위에도 한참이나 서운했다. 그 서운함에 답답했었나 보다.

정상에 위치한 사당을 한 바퀴 돌아 태산의 산줄기를 사방에서 감상했다. 붉게 물들기 시작한 태산은 나에게 자꾸 말한다. 버리라고, 욕심을 버리고 다른 사람을 이해하고 넓고 큰 마음을 채워 가라고 말한다. 태산은 내 마음속에 있다고 말한다. 그렇게 생각하니 모든 게 다 이해가 되기 시작한다. 사람도 더 아름다워 보인다. 청도로 떠나는 고속열차에서 바라본 태산에 걸쳐진 석양이 나에게 마지막 당부를 한다. 태산에서 얻은 마음을 잃지 말라고 긴 그림자로 메아리친다.

곡부에서 공자님을 만나고 오는 날

태산에서 내려와 태안장거리버스터미널로 향한다. 연휴 기간이라 버스가 없을까 걱정했는데, 곡부(曲阜)행 버스가 30분마다 있다고 한다. 단 정해진 것이 아니라 사람이 있으면 태우고 없으면 있을 때까지 기다리다 그냥 가기도 하는 그야말로 물 흐르는 대로 가는 버스다. 기다린 시간이 한 시간을 훌쩍 넘었다.

입구에서 만난 곡부사범대학교 중문과 2학년 학생과 잠깐 이야기를 나누었다. 혹시 내가 타는 버스가 정확한지 확인하는 습관 때문이다. 나는 될 수 있으면 젊은 사람들에게 궁금한 것을 묻는다. 사람을 가리는 것이 아니라 나이 드신 분들의 중국어는 알아듣기 어렵기 때문이다. 나이 드신 분들은 심한 방언과 얼화음(儿话音)을 사용한다. 젊은 친구들은 나의 발음 속도에 천천히 맞추어 준다. 또한 한국 사람에 대해 좋은 이미지를 갖고 있어 한두 마디 한국어는 할 줄 아는 사람이 많다. 이 학생은 예쁘장한 얼굴에 똑똑하게 보였다. 나중에 선생님이 되고 싶다고 했다. 중국에도 우리나라처럼 교사가 되기 위한 시험이 있는데, 정식 공무원이 되는 것은 정말 어려워서 계약직 선생님이 대부분이라고 한다. 우리나라의 기간제 교사쯤

될 것이다.

젊은 친구와 대화를 나누니 한 시간이 금방 지나간다. 드디어 곡부행 버스가 물 흐르는 대로 떠난다. 태안도 내가 살고 있는 청도와 달리 조금은 어수선하고 들떠 있는 분위기였는데, 곡부는 어떤 곳일까? 공자님의 고향이니 더욱 점잖고 조용한 도시가 아닐까.

1시간 20분쯤 가니 곡부버스터미널에 도착했다. 해는 벌써 저만큼 지고 있었다. 나는 미리 예약해 둔 호텔에 전화를 걸어서 가는 길을 물어보았다. 택시를 타고 오라고 한다. 25원을 달라고 해서 터무니없어 타지 않겠다고 했더니, 그러면 미터기로 끊자고 한다. 미터기 요금은 13원이 나왔다. 어라, 이 사람들 너무 심한 것 아냐? 이곳의 호텔(孔子北苑酒店)은 다른 도시와 달리 공자 마을답게 공부(孔府)의 풍이 느껴졌다. 여기서도 예치금은 있었는데, 대개 호텔 숙박료의 2배라고 생각하면 된다.

저녁을 먹으러 나섰으나 밤이라 식당이 쉽게 눈에 띄지 않았다. 이곳에도 호객꾼이 있었으니 어느새 우리는 얼떨결에 어느 식당으로 가고 있었다. 만약 나 혼자였다면 다른 곳으로 갔을 텐데 같이 간 동료의 기분을 생각하여 따라갔다. 도착하니 종업원이 바로 주문을 받는다. 그런데 종업원의 행동이 영 마음에 들지 않는다. 우리가 주문을 하는 음식은 없다고 하면서 자꾸 자기가 권하는 음식을 먹어 보라고만 한다. 특별요리에 고기도 시키고 이곳 특색 술도 마시라고 한다. 나중에 보니 우리가 처음에 시켰던 음식이 다 있고, 심지어 자신들도 그 음식을 먹고 있었다. 영 기분이 좋지 않아서 결국 먹다 말고 종업원을 불러 다시 음식을 시켰다. 그제야 음식을 가져다준다. 나중에 계산해 보니 생각보다 많이 나왔다. 공자님을 이용해 돈을 벌려는 상술에 별로 기분이 좋지는 않았는데, 하필 호텔 샤워실에 물이 빠지지 않았다. 종업원이 와서 걸레로 물을 닦아 내야만 했다. 호텔에 기본적인 서비스가 없어 불편한 점도 있었지만, 그래도 직원들은 친절한 편이었다. 많이 기대하지 않으면 된다. 어차피 공자님을 만나는 것이 중요한 일이니 말이다.

삼공(三孔)을 관람하기 위해 우리는 도보로 공묘(孔廟)와 공부(孔府)를 찾았다. 공묘는 마치 큰 궁궐과 같은 느낌이다. 공자에 제사를 지내는 대성전 등의 건축물이 즐비하여 자금성 다음으로 큰 건축군을 이루고 있다고 한다. 1966년부터 시작된 문화대혁명 시기에는 봉건주의의 상징으로 여겨져 공자의 무덤까지 파괴되었다. 그야말로 공자가 죽어야 나라가 산다는 것인가? 그러나 문화대혁명 이후 다시 삼공을 재정비하고 오늘날은 오히려 공자의 사상을 받들려고 노력하는 중이다. 특히 시진핑은 공자의 사상을 국가 교육의 초석으로 삼고자 노력하고 있다. 전 세계에 공자아카데미를 세우는 것도 공자를 통해 국가 부강의 원동력을 삼고자 하는 뜻이 담겨 있는 것이다.

중국에서의 한글날 수업

오늘은 한글날이다. 우리는 한글에 대해 제대로 알고 있는가. 당연히 한국어로 의사소통을 하는 데는 문제가 없지만, 정작 국어 문법에 맞는 용어를 사용하는지, 언어 절단 현상을 마치 새로운 언어문화의 창조인 것처럼 유행시키고, 그 유행에 따르지 못하면 시대에 뒤떨어진 사람 취급을 하곤 한다. 과연 우리는 한글의 창제 원리를 얼마나 잘 알고 있나?

나는 오늘 중국 학생들에게 한글의 창제 원리, 세종대왕이 훈민정음을 창조한 목적을 담은 훈민정음 언해본에 대해 수업을 했다. 학생들에게 세종대왕이 왜 백성을 위해 한글을 창조했는지에 대해 설명하면서, 왜 다른 사람들을 위해 공부해야 하는지를 강조했다. 서툰 중국어로도 그 뜻이 통했는지 학생들이 감동하는 분위기를 느낄 수 있었다. 한글 자음과 모음의 원리를 설명하고, 자모음의 개수(40개)에 대해서도 이야기해 주었다. 중국 학생들은 우리나라의 자모음 개수뿐만 아니라 제자 원리를 이해하고 있었다. 외국 학생들에게 부끄럽지 않도록 우리나라 학생들도 바른 한국어 사용을 위해 더욱 노력해야 할 것이다.

청도의 대극장에서 한국 문화를 관람하다

청도에서 가장 큰 오페라 하우스인 대극원에서 한국 문화 행사를 하는 날이다. 나는 한 달 전에 청도의 총영사관에 부탁하여 우리 과 학생들의 무료 입장표를 어렵게 구해 놓았다. 학생들도 대부분 청도 대극장에는 가 본 적이 없었다. 입장료가 비싸기 때문에 학생들이 돈을 내고 들어간다는 것은 상상할 수가 없는 일이다. 다음 달 14일에 한국 가수 이승철 씨가 청도에서 공연을 한다는데, 제일 비싼 표가 1만 2,000위안(24만 원)이 넘는다.

오랜만에 야간에 밖에 나오니 학생들 기분이 좋아 보인다. 다들 대극장의 규모에 놀라고 사진을 찍느라 정신이 없다. 이곳의 학생들은 단체로 하는 활동이 없기에 밤에 문화공연을 함께 보는 것이 큰 행사라고 한다. 기념사진도 찍고 프로그램 순서도 보면서 한국 문화 공연이 시작되기를 기다렸다. 행사는 한국의 전통 악기와 전통 음악에 현대적인 안무와 비보잉을 결합한 퓨전 형태의 공연이었다. 노래를 부르는 사람이 다양하지 못하고 노래 수준이 그다지 높다고 할 수 없었는데도 학생들은 무척 즐거워했다. 특히 비보이들의 현란한 춤사위와 감각적이고 즉흥적인 퍼포먼스가 큰 반향을 일으켰다. 한국 문화를 청도 사람들에게 소개하고, 교민들에게는 위로의 장인 이번 행사는 한국 문화의 우수성을 알리는 계기가 된 것이다. 다만 앞서 말한 아쉬움이 남는 것은 사실이다. 공연이 끝나고도 여러 학생들이 자리를 떠나지 않고 기념사진을 찍었고, 가족이나 친구들에게 전화를 하여 청도의 대극장에 온 것을 자랑했다. 나에게 감사하다는 인사도 잊지 않았다. 한국인으로서 뿌듯한 하루가 이렇게 흘러갔다.

향수

청도에 온 지 벌써 두 달이 훌쩍 지나갔다. 지난 두 달을 돌이켜 보니 만감이 교차한다. 무엇보다 두고 온 가족과 부모님 생각이 간절하다. 아들은 서울로 대학 탐방을 떠났다가 돌아왔다고 한다. 즐겁고 행복한 시간을 보내고 나중에 서울에서 살아야겠다는 생각을 했다고 한다. 아들은 조금 예민한 편이며 남에게 싫은 소리 듣기를 좋아하지 않아 최선을 다하려고 애쓴다. 아직은 어린 학생인데 다른 사람들이 보면 어른스럽다고 한다. 나는 그것이 마음에 걸린다. 본인의 마음이나 상태가 중요한 나이이니, 좀 더 적극적이고 좀 더 활발해졌으면 좋겠다. 성격은 점차 변해 갈 것이라고 생각한다.

부모님도 많이 그립다. 아내 말로는 추수를 끝냈다고 하는데, 내 도움 없이 얼마나 힘드셨을까 생각하니 마음이 무겁다. 이제 곧 마늘도 심어야 할 텐데, 배추는 잘 자라고 있는지 궁금하다. 청도 노산을 등산하다가 바라본 배추밭을 보니 더욱 그립다.

한국에 있는 나의 학생들도 그립다. 말을 안 듣던 철부지들도 잘 있는지 궁금하다. 생각해 보면 좀 더 친절하게 또는 그냥 넘어가도 될 일들이었는데 내 욕심이 지나쳤다는 생각이 많이 든다. 학부모님들에게도 감사할 일이다. 누구나 자기 자식이 잘되길 바라는 것은 인지상정인데, 학교 일에 지나치게 간섭을 할 것 같아 미리 차단을 한 것은 아닌지 반성해 본다. 오랜만에 효린이 어머님께 대표로 안부 메시지를 보내야겠다.

밤에 한국 유학생인 제주관광대학의 학생들(김정우 외 3명)을 초대하여 내 아파트에서 한국의 친구들이 보내 준 라면을 끓여 먹었다. 마침 중국 제자 3명도 우리 집에 오고 싶다고 하여 함께 식사하면서 소개를 시켜 주었다. 학생들끼리 친하게 지내면 서로 상대국의 언어를 습득하는 데 큰 도움이 될 것이다. 역시 젊은이들은 다르다. 친근하게 말을 건네는 모습을 보며 젊다는 것은 축복 중의 축복임을 실감했다. 나도 저들처럼 젊었더라면, 조금 더 젊었을 때 중국어 공부를 시작했더라면 얼마나 좋았을까. 하지만 늦었을 때가 가장 빠른 법이다. 걱정하지 말고 어제의 나보다 오늘의 내가, 그리고 내일의 내가 더욱 다른 내가 되어 있을 것이라고 확신한다.

저녁에 왕기 선생님이 식사하자고 연락을 했다. 정말 친절한 분이다. 중국에 와서 나와 가장 많은 이야기를 나누는 분인데, 얼굴도 예쁘시고 한국어도 잘하신다. 시간이 날 때마다 왕기 선생님은 번역 일을 하신다. 한국어로 된 여행기를 중국어로, 벌써 6권을 번역했다고 한다. 1,000자당 80원 정도를 받으신다고. 돈을 떠나 열심히 사시는 모습이 존경스럽다. 선생님이 추천해 준 양탕을 맛있게 먹고 나왔다. 두 사람의 식사가 25원이니 저렴한 식사를 한 셈이다.

마이동풍(馬耳東風)

사전적인 의미로 따뜻한 봄바람이 불면 사람들이 기뻐하는데, 말의 귀에는 봄바람이 불어도 전혀 느끼는 낌새가 없다는 뜻이다. 우리 속담에 '소 귀에 경 읽기'의 뜻과 일맥상통한다. 다른 사람의 충고를 받아들이지 않고 듣는 등 마는 등 할 때 우리는 이런 표현을 쓴다.

당나라 때의 시인 이백(李白)의 「답왕십이한야독작유회(答王十二寒夜獨酌有懷)」라는 시에 있는 말이다. 왕십이(王十二)가 이백에게 "한야에 홀로 술잔을 들며 수심에 잠긴다"라는 시를 보내자, 이백이 "세인문차개도두(世人聞此皆掉頭, 세상 사람들은 우리가 지은 시부(詩賦)를 들어도 고개를 가로저으며 들으려 하지 않음이) 유여동풍사마이(有如東風射馬耳, 마치 봄바람이 말의 귀에 부는 것과 같다)"라고 답했다.

이백은 이 시에서 왕십이 자신이 불우하여 하소연할 곳도 없이 쓸쓸히 지내고 있음을 생각하여 술을 마시되 만고(萬古)의 시름을 씻어 버릴 것을 권한다. 또한 부박(浮薄)한 세상을 한탄하여 왕후(王侯) 사이에서 즐기는 투계(鬪鷄)의 기술을 익혀 그들의 귀여움을 받아 출세하는 자가 있는가 하면, 변경의 싸움에서 작은 공을 세웠다고 마치 충신이나 된 양 날뛰는 세상이니 고매한 인물은 받아들여지지 않음이 당연하다고 위로한다. 우리가 할 수 있는 일이란 북창(北窓)에 기대어 시부를 짓는 정도인데 세인은 이를 들으려 하지 않고 마이동풍일 뿐이니, 오직 시부를 짓기에만 힘쓰는 것이 좋지 않겠는가?

이제 1년 한국어를 배운 학생들이 수업시간에 얼마나 힘이 들겠는가? 중국 학생들에게 핸드폰은 그야말로 마지막 보루이자 그들이 즐길 수 있는 최후의 희망 같은 것이다. 기숙사에는 텔레비전이나 컴퓨터, 노트북이 없기 때문에 그들은 핸드폰으로 영화나 드라마, 음악을 감상한다. 그리고 핸드폰으로 물건을 구매하고 기차표를 예약한다. 그들의 핸드폰 사용은 일종의 중독이다. 우리나라 청소년과 대동소이할 것이다. 그래서 나는 웬만하면 핸드폰을 통제하지 않았다. 이미 성년이니 스스로 조절할 수 있을 것이라고 생각했기 때문이다.

그러나 2개월이 가도록 몇몇 학생들은 선생님의 말을 듣지 않고 손이 책상 밑의 핸드폰에 가 있다. 그래서 어제는 특단의 조치를 했다. 출석을 부르면서 핸드폰을 거두어 앞 보관대에 걸치도록 했다.

"핸드폰을 모두 거두어 주세요. 여러분이 마이동풍이니 저도 어쩔 수 없네요. 한쪽 귀로 듣고 한쪽 귀로 흘려보내고 있네요."

그러자 그중 똑똑한 학생인 효도가 중국어로 이렇게 대답한다.

"선생님, 중국에도 같은 말이 있어요. *左耳進, 右耳出.*"

그렇다. 쉽게 알 수 있는 중국어구나. 나는 이것을 또 수업의 동기 유발 자료로 활용했다. 그리고 두보의 시를 한 편 소개했다. 「악양루에 올라」 5언 율시다. 학생들은 두보와 이백의 시는 초등학교 때부터 배워 이미 안 보고도 자랑스럽게 외운다. 학생들이 중국어로 합독을 한 후, 내가 시조창으로 다시 한국어로 읽어 준다. 그리고 학생들은 한국어로 따라 읽는다. 이럴 때는 학생들은 마이동풍하지 않는다. 역시 학생들이 잘 알고 관심 있는 소재가 동기 유발의 자료로 알맞다. 동서고금을 막론하고 틀림없는 사실이다.

개교기념일 행사

오늘은 개교기념일이다. 1945년에 개교하여 올해로 70주년이 되었다. 오전에 校庆 70周年 기념식 행사와 축하공연이 화려하게 펼쳐졌다. 학원장(总长)의 사회로 많은 손님(嘉宾)들을 소개했다. 졸업한 선배들도 많이 참석하여 축하해 주었다. 학생 대표, 졸업생 대표, 교사 대표의 축하 메시지가 이어지고 세계 각국과 중국 전역에서 보낸 졸업한 선배들의 축하 영상 메시지가 인상적이었다.

특히, 이곳의 요리대학(烹饪学院)은 전국에서 가장 유명한 대학이라고 옆에 계신 왕 선생님이 귀띔을 해 준다. 마침 이 학교를 졸업한 중국전국조리협회 회장이 보낸 축하 영상이 등장하자 환호성이 일었다. 요리대학의 유명세를 확인할 수 있었다. 2부 순서에서는 교사와 학생들의 축하공연이 다양하게 펼쳐졌다. 교사들의 축하 시낭송과 축하 노래, 교사와 제자들이 함께 부르는 합창도 인상적이었다. 무술과 사자춤, 패션쇼, 우리나라 비보이를 보는 듯한 댄스도 일품이었다. 특히 축하 공연에서 빠지지 않는 우리나라의 힙합 댄스를 보니 내 눈도 즐거웠다. 개교기념일에 참석하는 것이

의무는 아니었지만 나는 그들과 함께 어울리고 싶었다.

3시간 가까이 펼쳐진 기념식이 끝나자 나는 옆에 계신 선생님께 이렇게 말했다. "이곳에 와서 처음으로 개교기념식을 보았는데, 선생님 덕분에 제 눈이 즐거웠습니다(我第一次来这儿, 因为是您, 我饱了有眼福。)"

다만 오후에는 수업을 해야 한다는 것과 개교기념식을 위한 특별 이벤트가 없어 아쉬웠다. 나는 선생님들에게 이렇게 너스레를 떨어 보았다.

"오늘 같은 날은 오후에 수업을 안 하거나 식당에서 교사와 학생들에게 싼 가격에 식사를 제공해 주면 좋을 텐데요."

그러자 모든 선생님들이 맞는 말이라며 거들어 준다. 내년에는 건의를 해 보라고 웃으며 얘기했다. 과연, 선생님들이 그런 건의를 할까?

중국 청도대학 부속 병원에 가 보다

어제 개교기념일 오후에 운동장에서 배구 수업을 하고 있는 학생들과 배구 연습을 했다. 사실 운동화도 없이 준비 운동도 제대로 하지 않은 상태였다. 한국의 초등학교 교사로서 배구를 잘할 수 있다는 생각이 앞섰나 보다. 배구 연습을 시작한 지 5분 만에 다리를 접질렀다. 점차 통증이 심해졌다. 학교 국제처에 들러 병원을 소개받았다. 노산구에 있는 청도대학 부속병원 동부에 가서 응급실에 들렀다. 이곳에서는 우리와 달리 진료카드와 진료기록부를 본인에게 발급해 준다. 응급실의 외과 선생님이 아픈 부위를 만져 보고는 하루 동안 냉찜질과 다음 날 온찜질, 그리고 '운남백약분무제'를 사라고 하는 처방을 내린다. 나는 엑스레이를 찍고 주사나 물리치료, 약 처방을 해 주길 바랐는데 그렇게 하지 않고 또 일종의 스프레이를 사라고 했다. 그런데 운남백약분무제도 다 팔렸으니 집 근처의 약국에 가 보라고 한다. 우리나라에서라면 한의원에 가서 침을 맞고 물리치료를 받았을 것이다.

저녁이 되자 통증이 너무 심해져서 어쩔 수 없이 가까운 진료소에서 중의 처방을 받았다. 고약처럼 생겼는데 붓기를 빼는 처방인 듯했다. 중국어를 가르치고 있는 학생의 도움을 받아 운남백약분무제를 구입했다. 아침이 되자 붓기는 어느 정도 빠졌는데 아직 퍼렇게 멍든 자국이 남아 걷기가 불편하다. 원래 금요일에 산둥성 치박시에 가서 친구를 만나 강태공박물관, 명청고가, 전차박물관 등을 구경하려 했으나 수포로 돌아갔다. 내일은 다른 과에서 특강을 요청하여 수업을 해야 하는데 걱정이 앞선다.

한국 문화 특강에 구름같이 모여든 중국 학생들

오늘 오후에 관광학과 전국화 선생님의 요청으로 한국 문화 특강을 했다. 나는 며칠 전부터 한국 관광지, 한국 개관, 한국 음식 등을 소재로 특강을 준비했다. 한국토지공사에서 발간한 중국어판 관광 리뷰지와 각종 동영상도 준비했다. 그런데 전국화 선생님이 될 수 있으면 중국어로 수업을 하면 좋겠다고 한다. 한국어를 한마디로 못하는 학생들이어서 중국어로 수업해 주길 요청한 것이다. 원래는 내가 한국어로 말하고 옆에서 전국화 선생님이 통역해 주기를 바랐는데, 내가 중국어로 수업을 진행하고 정말 어려운 부분만 통역을 하자는 것이다. 너무나 당황스러웠지만 그냥 해보자. 어떻게 되겠지 하는 마음으로 갔다.

아픈 다리를 이끌고. 강의실에 들어서면서 깜짝 놀랐다. 전국화 교수님

말에 따르면 학생들 150명이 20분 전부터 기다리고 있었단다. 자리가 없어 서 있는 학생들도 있었다. 나는 관광학과에서 주최하니 우리 과처럼 30명 정도라고 예상했었다. 그렇게 많은 학생들이 기다리고 있으리라고는 생각도 못했다.

당황했지만 마음을 가다듬고 강의를 시작했다. 물론 중국어로 자기소개와 한국의 역사에 대해 간략하게 소개하고, 한국의 관광지와 우리 문화에 대한 이야기도 했다. 쉬운 중국어를 사용했고, 중국과 특히 산둥반도, 청도와의 관련성에 대해서도 소개했다. 중국과 우리나라의 문화적 차이에 대한 이야기도 했다. 나의 발음이 문제였으나 역시 우리 속담이 중국에서도 통한다. "선생님은 '바담 풍'이라고 해도 학생들은 '바람 풍'으로 알아듣는다." 나의 중국어 발음이 틀리면 학생들은 이구동성으로 정확한 발음으로 교정해 주었다.

강의가 끝나고 학생들의 수많은 질문이 이어졌다. 주로 한국의 음식, 중국 음식과의 차이, 관광지 추천 등에 대한 이야기였다. 나는 질문을 한 학생들에게는 한국 관광 리뷰지를 나눠 주었다. 질의응답이 끝나고 20여 분동안이나 학생들과 기념사진을 찍었다. 나와 사진을 찍으려고 줄을 서서 기다리는 진풍경이었다. 마치 유명한 연예인이 된 것 같은 착각에 빠졌다. 내 인생에서 이렇게 다른 사람에게 인기를 받아 본 적이 있었던가? 강의가 끝나자 전국화 교수님이 미리 준비한 고급 노트와 강의료를 주었다. 얼마를 못 드려 죄송하다면서, 학생들이 만족한 강의였다고 칭찬해 주셨다. 사실 인사용 말이지만 그래도 기분이 나쁘지는 않았다. 정말 오늘 같은 날이 또 올까?

중국, 이제 두 자녀 출산도 가능

중국공산당 18번째 5차 회의에서 지난 35년간 고수해 오던 한 자녀 정책을 버리고 앞으로 두 자녀 출산을 전면 실시한다는 뉴스를 들었다. 중국도 고령화와 경제활동인구의 감소가 큰 사회적 문제가 되어, 14억 대인구의 국가에서 두 자녀 출산 허용 정책을 실시하는 것이다. 또한 출산을 장려하기 위해 고등학교까지 의무교육을 확대하고 그동안 한 자녀를 가진 가정에 주던 혜택도 없앴다고 한다.

한 자녀를 둔 중국 교수님께 물어보니, 젊은 교수들은 이에 대해 회의적이라고, 한 자녀를 키우는 것도 경제적으로 힘이 들며, 두 자녀를 낳는 것이 아이를 위해서는 좋지만 부부의 삶의 질과 노후에 대한 두려움이 앞선다고 한다. 사실 우리나라도 출산장려 정책을 내놓고 있지만 실효를 거두고 있는지는 의문이다. 아이를 마음 놓고 키울 사회보장이 안 된 상태에서 정책만을 내놓는다면 이는 미봉책이 될 가능성이 많다.

중국인 친구의 결혼식

오늘은 국제처에 근무하는 소창은 선생님의 결혼식 날이다. 며칠 전부터 초청을 했던 터이고 중국 사람의 결혼식 참석은 처음이라 꼭 가고 싶었다. 아침에 스쿨버스가 정문에서 기다리고 있었다. 한국에서처럼 축하객을 위해 버스를 준비하는 것도 비슷했다. 나는 빨간색 홍바오(红包) 봉투가 없어 흰 봉투에 축하금을 준비했는데, 같이 간 중국 선생님이 깜짝 놀라 말린다. 흰 봉투는 장례식 부의금에 사용한다면서, 결혼식장에 가면 홍바오 봉투가 준비되어 있다고 한다. 축하금은 친한 정도에 따라 달라지는데 그리 가깝지 않으면 200위안, 가까운 편이면 400위안, 아주 친하면 1,000위안까지 낸다고 한다. 물론 가족과 친지는 더 이상을 내기도 한다.

소 선생님의 결혼식은 중국해양대학교 교내의 세미나실에서 열렸다. 소창은 선생님이 중국해양대 영어과를 졸업했기 때문일 것이다. 소 선생님의 결혼식은 색다르게도 사회자나 주례가 없이 본인이 직접 3시간 가까이 사회를 보았다. 노래를 부르면서 신부를 초대하고 신부와 같이 동반 입장하여 식을 진행했다. 그리고 사회자 없이 본인이 프로그램을 준비했다. 건배사, 결혼반지 교환, 케이크 자르기, 축가, 댄스, 신부와 신랑 아버지의 축사, 학교 관계자의 축사. 무엇보다 신랑 아버지의 휘파람 노래가 훌륭했다. 휘파람으로 그렇게 멋진 노래를 부를 수 있을까 감탄했다. 소 선생님의 노래 실력과 끼는 아버지한테 물려받은 듯했다.

우리나라에서는 보통 결혼식이 끝나고 식당에서 식사를 하는데, 이곳에서는 식사를 하면서 결혼식이 진행되니 다양한 볼거리가 많았다. 결혼식이 진행되는 동안 음식이 끊임없이 나왔다. 제일 마지막에 밥이 나오고 나서야 그것이 끝이라는 것을 알았다. 희탕(喜糖)이라는 사탕을 필두로 해변 도시답게 다양한 해산물이 나왔다. 해삼, 전복, 꽃게, 그리고 생선류가 나왔고 닭고기, 오리고기, 돼지고기 등이 계속해서 올라왔다. 음식을 함께 나누면서 신랑 신부를 축하해 주는 것이 훨씬 보기 좋았다. 우리나라도 그렇게 여유를 가지고 음식을 함께 즐기면서 신랑과 신부를 축하해 주는 문화로 다시 돌아가면 좋겠다.

치박행 기차에서 만난 사람들

중국 산둥성 중부에 위치한 치박시(淄博市)를 다녀왔다. 2주 전부터 정 선생님을 만나려 했으나, 운동장에서 학생들과 배구를 하다가 다리를 접질리는 바람에 기차표를 취소했다가 이제야 출발을 하게 된 것이다. 치박시는 중국어로 '쯔보어'라고 읽는다. 나는 zi 발음이 서툴러서 치박시에 도착하면 내 발음을 못 알아들을까 봐 가기 전부터 발음 연습을 했다. 치박시는 산둥성에서 세 번째로 큰 도시이다. 한때 춘추전국시대 제나라의 수도였을 만큼 유명한 곳이다. 지금은 인구 400만여 명의 공업도시로 특히 화학, 자기, 유리 등의 산업이 발달했다고 한다.

13일 금요일 오후 2시 6분 청도발 기차는 치박을 향해 떠난다. 하얼빈까지 가는 기차를 타고 중간에서 내려야 한다. 하루를 넘게 가는 사람들은 그만큼 짐이 많아 침대칸을 이용하고, 나처럼 짧은 구간을 이용하는 사람은 딱딱한 의자에 앉아서 가도 괜찮은 편이다. 나는 이렇게 딱딱한 의자에 앉아 가는 것을 좋아한다. 조금 불편하지만 중국 사람들과 쉽게 대화를 나눌 수 있기 때문이다. 2시간 50분 정도를 타고 가면서 옆자리나 앞에 앉은 사람과 대화를 나누다 보면 금방 목적지에 도착한다. 이번에 내 옆에 앉은 사람은 청도의 해양기술학원 1학년 대학생으로 졸업하면 항해사를 할 수 있다고 한다. 웨이방(潍坊)에 있는 고향으로 부모님을 뵈러 간다고 한다. 웨이방에 내려서도 버스를 타고 2시간은 더 가야 한단다. 웨이방은 무엇이 유명하냐고 물어보니 무(萝卜)와 연(风筝)이라고 한다.

우리 둘이서 이야기를 나누고 있는데 앞에 앉은 젊은 여학생이 끼어든다. 내가 한국인이라니 관심을 표한다. 청도대학교 대학원 중문과 2학년 학생이라고 한다. 나는 차창 밖으로 보이는 비닐하우스(大棚)에 대해서 물었다. 그 여학생은 비닐하우스에서 재배하는 과일들이 왜 싼지에 대해서 말해 주면서, 우리나라의 과일은 왜 비싼지를 물어보았다. 중국은 과일이 정말 싸다. 영토가 넓고 인구가 많아 과일 가격이 싼 것은 당연하다. 우리나라는 과일 재배 면적도 작고 생산비, 노동비, 유통비 등으로 비쌀 수밖에 없다. 나는 그와 중국의 문학에 대해 잠시 이야기를 나누었다. 나는 라오서의 『낙타상자』와 루쉰의 『아큐정전』, 『공을기』, 『고향』 등에 대해서 느낀 점을 이야기했다. 한국과 중국의 근대 문학을 비교학적인 관심을 가지고 대학원의 연구논문으로 삼으면 좋겠다고 생각해 보았다. 이야기꽃을 피우다 보니 치박에 도착했다. 남학생은 웨이방(潍坊)에 내려 먼저 갔고 여학생은 태안까지 간다고 했다.

우리와 다른 친구의 개념

치박에 도착하니 날씨가 흐릿했다. 공기가 그리 좋지 않았다. 기차에서 내려 34번이나 160번을 타야 정경균 선생님이 계신 치박직업학원에 도착할 수 있다. 정 선생님이 수업이 있으니 나 혼자 찾아가겠다고 했다. 치박 역에서 육교를 건너니 160번 버스가 보였다. 버스를 타고 발음에 유의하며 치박직업학교에 가느냐고 물어보았다. 다행히 버스기사가 다시 묻지 않고 간다고 대답을 한다. 잔돈이 없어 5원을 냈더니 조금 뒤에 잔돈을 주겠다고 한다. 그러나 사실은 내가 잘못 들었다는 것을 내릴 때야 알게 되었다. 50분 정도 가니 치박직원학원에 도착했다. 정 선생님이 말해 준 대로 치박 북구 쪽에서 내렸다. 내릴 때 거스름돈 얘기를 했더니 왜 잔돈을 안 찾아 갔느냐고 묻는다. 다른 손님이 타면 잔돈을 내가 직접 손님에게 받아서 챙기라는 말인데, 나는 기사분이 챙겨 줄 줄 알았던 것이다. 안내양이 없는 버스는 잔돈을 내주지 않는다는 것을 알게 되었다. 손님이 미리 잔돈을 준비해야 하는 것이다.

버스에서 내려 육교를 건너니 치박직업학원 남구가 나타났다. 역시 친절한 정경균 선생님이 기다리고 있었다. 그런데 만나자마자 우리는 택시를 타고 시내로 출발해야 했다. 영문도 모르는 채 택시에 올라타고서야 어디에 가는지 물어보았다. 정 선생님과 함께 근무하는 중국어 선생님이 친구들과 만나는 자리에 나까지 같이 와도 된다고 했단다. 나는 낯선 사람들이라 선뜻 내키지 않았지만 별다른 방법이 없었다. 양고기 샤브샤브 전문점에 가 보니 여러 명의 중국인 친구들이 우리를 기다리고 있었다. 그중에는 시 위원장, 회사의 부장 부부, 교통경찰 그리고 좀 더 젊은 친구들까지 7명이 있었다. 이날 모인 친구들은 나이 차이가 많이 나지만 서로 친구라고 했다. 그들은 뜻이 맞으면 나이와 상관없이 친구로 사귀고 모임을 갖는다고 한다. 쉽게 이해는 되지 않았지만 분명 좋은 면도 있을 듯하다.

제법 많이 기다렸지만 식사를 하지 않고 우리를 맞이했다. 전에도 정 선생님과 안면이 있었던지 반갑게 인사하며 서로 소개도 했다. 잘 이해하지 못하는 말은 중국인 선생님이 통역해서 의사소통을 했다. 양고기 샤브샤브와 대하, 야채 등 맛있는 안주에 그 독한 바이주 석 잔을 모두 건배사에 따라 마셨으니 어찌 속이 괜찮을 것인가? 나는 그만 취하고 말았다. 어떻게 집에 도착했는지 모르겠지만, 정 선생님의 학교 기숙사에서 속이 쓰리고 머리가 아픈 채로 아침을 맞았다. 중국 사람들은 손님이 취할 때까지 마시게 해야 잘 대접했다고 생각한다더니 그 말대로 우리가 실천을 한 것이다.

치박시 일일 유람

다음 날, 속이 쓰리니 아침 생각이 없다. 9시 50분에 북경의 김미옥 선생님이 치박에 도착하여 우리 여행에 합류했다. 우리 셋은 치박시 박물관과 도자기 박물관을 관람했다. 시박물관과 도자기박물관은 입장료를 받지 않았다. 시박물관은 제국시대의 문화유적을 전시해 두었다. 섬세한 미적 가치와 실용성을 겸비한 그릇, 술잔, 전등 등이 특히 인상적이었다. 왕이 죽으면 살아 있는 모든 것을 순장한다고 하는데, 개를 순장시킨 유적터가 특이했다. 그 당시에는 개가 그렇게 컸을까 싶을 만큼 큰 개를 순장시켰던 것이다. 정 선생님 말로는 치박과 가까운 임치에 가면 말을 순장했다는 순마갱도 있다고 한다.

치박시 박물관은 청도시 박물관처럼 무료 입장이 가능하나 전체적으로 어둡고 규모가 작은 느낌이었다. 바로 옆에는 도자기 박물관이 있었다. 도자기 제작 과정을 대형으로 형상화한 점이 인상적이었는데, 규모가 큰 것에 비해 정교함이 약간 떨어진다는 생각이 들었다. 도자기 박물관은 3층 규모로 원, 명, 청대의 도자기 등이 전시되어 있다. 도자기나 서예 등 예술품에 관심이 많았던 장쩌민(江澤民)의 방문을 부각시킨 점이 특이했다. 2층에는 세계 각국의 도자기 제품들이 전시되어 있었다. 한국의 고려청자나 영국, 프랑스, 인도 등 각국을 대표하는 도자기 제품과 현대적인 감각을 살린 자기 제품 등이 전시되어 있으니 꼭 가 볼 만하다. 점심시간이 가까워져 문을 빨리 닫는 바람에 서둘러서 밖으로 나가야 해서 아쉬웠다. 오후 2시에 다시 문을 연다고 하나 배고픈 나그네의 발걸음을 잡지는 못했다.

점심을 해결하러 우리는 스페인 상가가 있는 이우백화점(义乌百货商店) 2호점 옆에 있는 라이오판자이라는 뷔페로 갔다. 정 선생님이 일요일마다 이용하신다는 식당인데, 한 끼 식사가 20원밖에 안 하는데도 각종 야채와 고기, 과일 등이 잘 준비된 곳이었다. 이곳도 점심 식사 이후 쉬었다가 오후 5시에 다시 영업을 시작한다고 한다. 스페인 상가에서도 한국풍의 옷가게나 아동용품 등의 상점이 많았다. 치박시에서도 한국 상품이 인기가 있음을 실감할 수 있었다.

점심을 먹고 서둘러 간 곳은 주촌고청(周村古城)이다. 명나라와 청나라의 상가촌(商街村)이라는 이곳은 치박시에서 가장 볼 만한 곳이다. 개인적으로도 화려한 백화점이나 큰 상가보다는 재래시장이나 전통시장을 좋아하기 때문에 나는 치박시에서 이곳을 제일 기대했다. 10년 전에 산서성(山西省)의 태원(太原)과 대동(大同)에 갔을 때 들렀던 핑야오(平遙古城)의 명청거리보다 규모는 훨씬 작지만, 전통적인 물건이나 옷, 포목 등을 현대적인 감각으로 상품화하여 팔고 있는 것이 볼 만했다. 전체를 관람하는 표가 130원 남짓하고, 부분적으로 20원 정도로 선택하여 볼 수도 있으나 굳이 표를 사서 구경을 하지 않아도 된다. 유리 예술품과 명청 시대의 옷, 포목, 옛날 골동품도 많다. 특히 북경에서도 유명한 서부상포목점 분점이 이곳에도 있다. 이곳에서 시작하여 북경 등지로 분점을 냈다고 하나 사실인지는 더 확인해 봐야겠다.

주촌고청에서 가장 유명한 것은 주촌소병(周村烧饼)이다. 밀가루를 반죽하여 깨를 뿌린 후 천장에 달린 솥에 붙이면 시간이 지나면서 자동적으로 떨어진다. 달콤하고 영양식이어서 누구에게나 입맛에 맞는 간식이다. 가장 오래되었다는 본점에 들어가면 주촌소병을 만든 인물, 만드는 과정을 직접 볼 수 있다. 지하에서 일하는 직원들을 1층의 유리를 통해 관찰할 수 있으며, 직접 소병을 만드는 체험도 가능하다. 그곳에서 선생님들에게 드릴 주촌소병을 100위안을 주고 샀다.

주촌고청이 끝나는 지점의 왼쪽 모퉁이를 보면 '금일무세'(오늘은 세금이 없다)라는 비가 있는데 아주 유명한 듯 해설가 주위에서 많은 사람들이 기념사진을 찍고 있었다. 비의 뒷면에 쓰인 해설을 보니 명나라 때 이곳의 훌륭한 법관인 이화희(李化熙, 1594~1669)라는 사람이 있었는데, 그가 상가의 사람들에게 "오늘은 세금을 받지 않는다"라고 했다고 한다. 나중에 자손들도 크게 번창했다고 한다. 훌륭한 사람은 어디에나 있는 법이다.

강태공을 만나고 오다

우리는 본명은 강상이요, 여상 또는 강태공으로 유명한 강태공사(姜太公祠)에 들렀다. 강태공(姜太公)은 주나라 문왕의 간청으로 제상이 되어서 무왕을 도와 상나라를 멸망시킨 인물이다.

우리는 보통 하릴없이 낚시나 하는 사람을 강태공이라 부르지만, 사실 낚시꾼치고 물고기나 횟감이 좋아 낚시만 하는 사람은 극히 드물다. 강태 공처럼 세월을 낚으면서 때를 기다리는 자기 수양의 도를 닦고 있는 것이 리라.

결국 강태공은 제나라 건국의 시조가 된다. 강태공사의 뒷면에는 강태 공의 옷을 담은 의총(衣 무덤)이 큰 규모로 둘러져 있고, 강태공에서 시작된 여씨, 구씨, 최씨 등의 선조비가 있다. 그곳에 가면 한국의 진주 강씨 후손 들이 세운 강태공추모비가 세워져 있는데, 뒤편에 한글로 강태공을 조상 으로 둔 것을 자랑스러워하며 추모하는 글이 있다.

강태공사에서 제국역사박물관까지는 택시비가 15원 정도 나오는 가까 운 거리다. 처음에 정 선생님이 제남(济南)의 '제' 자를 가진 한자를 가르쳐 주어 택시기사에게 물으니 없다는 것이다. 나중에 알고 보니 제국역사박 물관(齐国历史博物馆)은 제(齐) 자이므로 다른 글자이다. 제국역사박물관 입구에 장쩌민의 이름이 적힌 것으로 보아, 평소 서예에 재능이 있었던 장쩌민이 이곳 박물관의 이름을 직접 써 준 것으로 보인다.

춘추전국시대에 산둥성은 제남, 치박, 임치, 청도를 중심으로 제(齐)나라 와 곡부와 임기, 지닝을 중심으로 노(鲁)나라로 양분되었다. 따라서 제국역 사박물관에는 제나라의 왕성했던 문화유산이 고스란히 전시되어 있었다. 제후를 중심으로 충성하는 신하들의 그림과 술잔, 등잔 등이 섬세하게 장 식품으로 만들어져 있다. 특히 작은 칼을 화폐로 사용했던 것을 보면 당시 의 권력 흐름을 짐작할 수 있을 듯하다. 제국박물관에서 정말 특이한 것 중 하나는 축구 이야기다. 우리는 보통 근대 축구의 기원을 영국의 대학 남자 기숙사 학생들이 시작한 것으로 알고 있는데, 이곳 임치에서는 이보다 더 빠른 전통 축구가 활발히 성행했다는 것이 입증되었다고 한다. 당시 제국의 경제는 아주 번창했고 운동도 활발했으며, 임치의 남자 인구 약 21만 명 중에서 축구를 좋아하는 사람이 1만 명 이상이나 되었다고 한다. 부자든 가난한 사람이든 모두 길거리에 나와 축구를 즐겼다고 한다.

나는 개인적으로 박물관을 가면 가이드를 따라다니려고 노력한다. 그냥 보기만 해서는 눈요기에 지나지 않지만, 내가 알지 못하는 역사적 사실이나 문화재를 보는 관점을 배울 수 있고, 가이드의 말을 자꾸 듣다 보면 나도 모르게 한두 가지는 얻을 수 있기 때문이다.

치박시의 마지막 여행은 치박고차박물관(淄博古車博物館)으로 정했다. 이곳은 중국고차박물관(中国古車博物館)으로 불릴 만큼 중국에 유일한 고차박물관이다. 제국역사박물관에서 택시비 20원 정도 거리다. 버스는 한 시간에 한 대밖에 없었고, 시내에서 외진 곳이었다. 치박고차박물관은 말 그대로 중국 고차의 역사를 총망라하여 전시한 곳이다. 입구에서부터 석벽화로 춘추전국시대 전쟁 시대의 마차 행렬이 암각으로 전시되어 있어 인상적이다. 상주 시대의 마차를 비롯해 진나라 시대의 마차, 춘추전국시대의 마차, 이국적인 코끼리가 모는 마차 등 다양한 마차와 말과 함께 순장한 무덤까지 볼 만한 것이 많았다. 치박은 그렇게 역사의 한 축을 담당한 위대한 나라의 수도였던 것이다.

지금은 그 찬란한 시대에 비해 많이 달라졌지만 위대한 문화유산이 있는 치박은 그 자체로 가치 있는 도시임이 분명하다. 조금씩 비가 내리는 치박역을 두고 나는 청도를 향해, 김 선생님은 북경을 향해 다음을 기약하며 기차에 몸을 맡겼다.

수업 단상

　교정의 플라타너스가 시나브로 옷을 갈아입는다. 무성하던 녹색 교정이 갈색으로 물들고 나부끼는 바람에 나뭇잎들도 하나씩 수를 줄이고 있다. 수업을 마치고 돌아갈 때 나는 이곳에서 혼자만의 생각에 잠긴다. 두고 온 가족, 부모님, 그리고 오늘의 수업을 복기해 본다. 참 중요한 시간이다. 수업시간에 혹시 실수는 하지 않았는지, 너무 어렵게 수업을 하지는 않았는지 되돌아본다.

　2학년이 되면 학생들은 대개 두 부류로 나뉜다. 1학년 때는 한국 문화의 영향으로 한국 드라마나 영화, 노래를 좋아해서 한국어를 배우는 데 관심을 갖게 된다. 정말 위대한 한글은 한두 달이면 읽을 수 있기 때문이다. 그러나 공부를 할수록 한국어가 어렵다는 것을 알게 된다. 그래서 2학년이 되면 2/3는 한국어를 배우는 데 어려움을 느끼게 되고 그중 1/3 정도는 한국어를 잘하게 되는 것이다. 이런 학생들에게 어떻게 한글과 올바른 한국 문화를 지도할 것인가를 고민하게 된다. 그리하여 나는 중국 당송팔대가의 유명한 사언절구, 우리나라의 음악, 여행지, 중국의 여행지, 그리고 젊은이들이 관심을 갖는 연예인 등을 수업 중에 자주 언급하는 편이다. 또 게임을 실시하여 지루한 수업이 되지 않도록 노력하고 있다. 그럼에도 한국어 공부를 어려워하는 학생들은 있기 마련이다. 그들을 수업 속으로 끌어들이는 것이 교사의 영원한 과제가 아닐까. 교정의 플라타너스 잎이 다 떨어지고 흰 눈으로 온몸을 감싸도 이런 생각과 작은 고민들은 계속될 것이다.

대학의 교직원 축제

크리스마스이브다. 시간은 정말 화살처럼 빨리 흘러간다. 크리스마스이브를 중국어로는 핑안예(平安夜)라고 한다. 사과의 발음인 핑구어(苹果)와 비슷해 이날 친한 사람들에게 사과를 준다. 나도 우리 과 학생들에게 사과 선물을 받았다. 중국에서도 크리스마스는 대목이다. 이곳 청도에서도 즐기려는 젊은이들로 한밤중에도 불야성을 이룬다.

오늘 학교에서는 교사들의 축제가 열렸다. 각 단과대학별로 교직원이 노래와 춤, 연극, 묘기 등 다양한 재주를 보여 주었다. 이곳 대학의 원장이나 서기들도 모두 공연에 적극적으로 참가하여 즐거운 시간을 보냈다. 각 대학의 학과장과 교사나 교수들도 모두가 함께 즐기는 것을 보고 참 자연스럽다는 생각이 들었다. 나도 덩달아 어깨를 들썩이며 오랜만에 즐거운 시간을 보냈다. 오후에는 요리학원(烹饪学院)에서 외국인을 위한 물만두(水饺) 만들기 행사가 있었다. 며칠 전이 동짓날이었는데 중국에서는 동지에 물만두를 만들어 먹는다고 한다. 한국의 만두와 비슷한 모양이고 만드는 방법은 송편과 비슷했다. 함께 만든 것을 같이 먹으며 즐거운 시간을 보냈다. 외국인을 위한 준비와 배려에 감사했다.

저녁에는 오랜만에 한국 식당에서 식사를 했다. 왕기 선생님과 함께 청도박물관 근처의 한국 식당인 남촌에 갔다. 홍기탁 사장님이 운영하는 곳이다. 삼겹살, 불백 등이 맛있었다. 왕기 선생님과 나는 같이 식사를 자주하는 편이라 이번에는 내가 대접해 드리고 싶었다. 참 열심히 사시는 분이다. 남편인 양 선생님은 세관 공무원이며, 본인은 벌써 한국 책을 여러 권 번역했다. 내게도 번역한 책 두 권을 선물해 주었다. 나도 새해엔 좀 더 멋진 계획을 세우고, 달성하기 위해 열심히 노력해야겠다.

상해 일일 유람

며칠 전에 첫눈이 내리더니 오늘은 바람이 심하게 분다. 이제 날씨가 계속 추워지겠지. 난방이 시작되는 이때쯤이면 중국은 공기오염으로 몸살을 앓는다. 특히, 대도시의 대기오염이 더욱 심하고 북경과 심양, 인근의 제남, 치박도 마찬가지다. 그나마 이곳 청도는 바다와 노산이 있어 공기가 괜찮은 편이다. 그래도 며칠은 공기가 탁하고 심한 석탄 냄새로 바깥출입에 애를 먹었다. 추운 날씨와 나쁜 공기에서 조금이나마 벗어나고자 나는 드디어 마음을 먹고 있었던 상해(上海) 여행을 다녀왔다.

우리 과 학생 중 평소 매일 저녁 나에게 개인적으로 한국어를 배우고 있는 왕의항과 우리 반 학생 중 한국 남학생과 사귀고 있는 모효도와 함께 청도류정공항(青岛机场)에서 상해푸동공항(上海浦东国际机场)까지 왕복으로 2박 3일의 여행을 떠났다. 청도에서 상해까지는 비행기로 1시간 20분 정도 소요된다. 오후 4시 30분경 공항에 도착하니 벌써 날이 깜깜해지기 시작했다. 상해는 지하철이 잘 발달되어 도시의 거의 모든 지역을 지하철로 갈 수 있다. 우리는 숙소가 있는 인민광장역의 한청호텔까지 지하철로 이동했다.

상해는 절반이 중국인이고 절반이 외국인일 정도로 많은 외국인이 거리를 누비고 있었다. 지하철 안에도 외국인이 많았다. 그곳에서 서울에서 온 젊은이 셋을 만났는데, 인사성도 있고 성격도 좋아 보여 이런저런 이야기를 하며 목적지로 이동했다. 그들은 중국어를 못해도 영어를 할 수 있어, 역시 상해가 국제도시라는 게 실감이 났다. 나는 같이 간 중국 학생들에게 영어의 중요성을 다시 한 번 상기시켰다. 한국어를 먼저 완벽하게 배우고 나서는 반드시 영어 공부를 해야 한다고.

지하철 내부는 깨끗했다. 단지 내리고 탈 때 차례를 지키지 않아 외국인들이 동시에 눈살을 찌푸리는 것을 자주 보았다. 우리는 와이탄(外灘) 근처의 호텔에 방을 예약했기에 와이탄을 중심으로 구경을 할 수 있었다. 나중에 가이드에게 들은 말이지만 상해에서는 와이탄, 동방명주, 예원, 청황묘 거리를 보면 족하다고 한다. 호텔에 여장을 풀고는 왕의항의 친구들을 만났다. 그들은 모두 호텔관리대학을 졸업하고 상해의 국제호텔에서 근무를 하는 의항이의 친한 친구들이다. 그날 저녁은 그 친구들에게 맛있는 저녁을 대접받았다. 활달한 성격으로 한국에서 온 선생님을 위해 미리 인터넷으로 한국 사람이 좋아하는 중국 음식을 찾아보았다고 하니 그 마음이 너무 대견하다.

다음 날 본격적인 상해 여행을 시작했다. 상해 관광버스를 타고 와이탄, 동방명주(东方明珠)를 관람했다. 동방명주는 아름답지만 상해의 어머니의 강물이라는 황포강(黄浦江)의 물이 너무 오염되어 아름다움을 반감시켰다. 동방명주를 에워싼 수많은 은행, 증권사 건물들이 700개나 된다고 하니 예전에 상해에서 시작된 증권, 은행의 역사를 짐작할 수 있었다. 도시관광차에서 내려서 황포강 유람선을 타기 위해 선착장으로 갔다. 배를 타고 황포강을 유람하는 것도 괜찮은 일일 것이다.

점심시간에는 젊은 친구들이 이끄는 대로 피자가게에 갔다. 피자헛에서 피자와 오므라이스 등을 시켜 먹었다. 역시 이곳도 중년보다는 젊은이들로 꽉 차 있었다. 점심 식사 후 중국 학생들은 피곤했는지 숙소에 돌아가서 쉬고 싶다고 하기에 나는 혼자 돌아다녀 보기로 했다. 근처에 있는 예원과 성황전, 그리고 우리나라 건국의 역사가 새겨진 상해임시정부 옛터를 보러 가기로 했다. 예원과 성황전은 바로 옆에 있어서 인파가 붐빈다. 상해는 큰 산이 없어 인공으로 산을 만들었고, 산이 있으니 물을 대야 한다며 만든 인공산과 인공정원이 인상적이었다.

피차이위엔

오늘은 피차이위엔(劈柴院)과 찌모루 시장을 찾아가 보기로 마음먹었다. 피차이위엔은 예전에 땔나무를 팔았던 곳이라는 뜻이다. 1902년에 시작되었다는 간판이 입구에 적혀 있는 것을 보니 과거에는 땔감을 팔고 사는 사업이 번창했으리라는 상상이 간다. 피차이위엔은 '황보'가 주연한 〈청도왕사〉라는 텔레비전 드라마의 무대로도 유명한 곳이다. 그러나 예전의 명성에 비해 지금은 손님들이 거의 없이 한산하다. 마치 북경의 왕푸징거리처럼 전갈이나 지네, 번데기 등을 꼬치로 만들어 놓고 팔기는 하지만 대부분의 손님들에게 환영받지 못한다. 그리고 관광객이 대부분 한국인들이라 거들떠보지도 않는다. 입구를 바로 통과하자 아래와 같은 피차이위원을 소개하는 글이 있어 사진을 찍고 나서 아래를 번역해 본다. 역시 중국어를 익히는 가장 좋은 방법은 현장에서 부딪히며 익히는 것이다.

劈柴院位于青岛市南区中山路商业圈，是中山路，北京路，河北路和天津路围合的街

坊。其实劈柴院有个路名叫江宁路，德国占领青岛后，于1902年修建了此路。

피차이위엔은 청도의 시남구 중산로 상업권에 위치하고 있다. 이곳은
중산로, 북경로, 하북로와 천진로로 구성된 거리이다. 사실 피차이위엔은
강녕로라고 불리는 곳이었는데 독일이 청도를 점령한 후 1902년에 다시
이 도로가 재건되었다.

它是"卜"字形，东端连着中山路，北边连北京路，西边通河北路。"江宁"是南京的

古称，这里也是青岛最早的"南京路"。

이것은 복(卜)자형으로 동쪽 끝에서 중산로, 북쪽으로 북경로, 서쪽으로
하북로에 이어져 있으며, '강녕'은 남경시대에 불린 옛 이름이고 이곳은 청
도에서 일찍이 남경로로 불렸다.

有人说，这里原先是个"劈柴市"，全是卖劈柴的。还有人说，这些劈柴除了供市民烧

火做饭，还供应大窑沟窑炉烧制砖瓦等等。在刘筠的诗集《青岛百吟》中，我们看到了

这样一段注释："劈柴院近中山路，最繁闹之区。

옛날 어떤 사람이 이곳은 원래 땔나무 시장이 있어서 모두 땔나무를 팔
았던 곳이라고 말해 왔다고 한다. 또 어떤 사람이 말하기를 이곳은 땔나
무 이외에 시민들이 불을 때서 밥을 짓도록 제공되었고 큰 솥단지 등이 있
었다고 한다. 刘筠의 시집 『청도백음』 중에 피차이위엔에 가까운 중산로는

가장 붐비는 지역이라고 해석해 놓은 것을 알 수 있다.

　피차이위엔에서 멀리 떨어지지 않은 곳에 찌모루 시장이 위치하고 있다. 걸어서 5분 정도면 도착할 수 있는 곳에 있다. 일명 짝퉁 시장이라고 알려져 있다. 그동안 많은 한국인 관광객들이 찾은 곳이나 요즘은 한가하여 지나가는 사람들을 붙잡고 호객하는 행위 때문에 오히려 피곤할 정도이다. 일반 손님보다는 무역상과 가게 주인들이 더 많은 느낌이다. 이곳은 짝퉁 물건임을 서로 알고 팔고 사는 것이니 물건을 군이 사야 한다면 홍정을 하는 법을 배워 볼 만하다. 한국보다 물건이 싸다고 하여 섣불리 사는 행위는 오히려 다음 한국인 관광객과 그곳에 거주하는 한국인들에게 불편을 주는 행위가 된다. '한두 번 왔다 가는 한국인 관광객들이 찌모루 시장의 물가를 올려놓았다'는 말이 있을 정도이니 싸다고 덥석 사지 말고 여러 곳을 들러 본 후 가격을 1/2 이하로 홍정하기 바란다.

시안으로 떠나는 여행

　2월 17일에 다시 중국으로 왔다. 한국에서 설날(춘절) 연휴를 3주간 보내고 왔더니 약간의 낯설음이 있었지만 금방 나아졌다. 아직도 기숙사에는 물과 난방이 되지 않아 전부터 계획했던 운남성 여행을 자의 반 타의 반으로 떠나게 되었다. 바로 가는 고속철(高铁)이 없으므로 미리 유스호스텔에 예약하고, 19일 청도북역에서 23시간 동안 야간 침대를 타고 산서성의 성도인 시안에 도착했다. 시안역에 내리자 한, 수, 당나라 천년 고도의 기풍이 물씬 풍겼다. '장안의 화제'라는 말의 어원처럼 이곳 시안은 장안의 새로운 이름이다.

　시안에는 엄청남 사람들이 북적였다. 중국의 대부분의 큰 도시가 그렇듯이 시안도 마찬가지였다. 시안역 앞에는 장안성이 둘러 있고 종루(钟楼)와 고루(鼓楼)가 멋진 자태를 뽐내었다. 종루에서 조금만 더 걸어가면 대안탑(大雁塔)과 소안탑(小雁塔)이 나오고 대안탑 북광장에서는 거대한 음악분수와 공연이 펼쳐진다. 대안탑 광장 남북 주변으로는 많은 사람들이 광장춤을 추는 모습이 보인다. 대안탑 남광장에서 조금만 더 내려가면 다당부용원(大唐芙蓉园)이 나온다. 거대한 호수에 연꽃 등과 각종 동물을 등으로 만들어 놓

동파육

꿔바루

대안탑

은 것이 인상적이다. 특히 서유기의 시작이자 실크로드의 시작인 도시답
게 비단, 냉채 등의 음식이 특산 요리였다.

　다당부용원은 밤에 가면 더욱 환성적인 분위기를 연출한다. 다음 날에
는 단체 관광에 참여했다. 유스호스텔에서 내건 조건이 320원으로 진시황
병마용과 양귀비의 온천으로 유명한 화청궁, 화청지를 보는 것, 그리고 점
심 제공이다. 가이드가 있고, 병마용에도 전문 가이드가 있으며, 버스비와
입장료를 포함하니 비슷하다 싶어 일일 단체 관광을 신청했다. 먼저 도착
한 곳은 화청궁. 큰 야외 목욕탕이라고 생각하면 된다. 화청궁의 뒷산은
시안 사건으로 유명한 장개석의 야전 사령부와 전략전술지가 있다. 화청
궁에서 족욕을 할 수 있지만 터무니없이 비싼 가격에 모두 혀를 내두르고
지나치고 만다.

이쯤에서 중국 관광지의 특성을 말해 봐야겠다. 일단 중국 관광지의 입장료는 세계 어느 나라보다 비싸다고 보면 된다. 입장료로 모든 것이 끝나지 않는다. 입장료는 내면 대부분 셔틀버스나 전동차를 타고 입장해야 하는데, 이 또한 별도의 돈을 지불해야 한다.

화청궁을 보고 나서 점심을 먹으려고 식당으로 갔다. 중국 단체 여행의 또 다른 특징은 여기에 있다. 점심을 먹고 나서 바로 그 옆에 있는 보석이나 진주 등을 판매하는 쇼핑 관광과 연결되는 것이다. 이것이 바로 가이드의 주 수입원이 된다고 한다. 나는 거기서 파는 물건에는 눈길도 주지 않았다.

다시 버스는 진시황릉 병마용으로 떠난다. 진시황릉 병마용에는 4개의 큰 전시관이 있고 수많은 무사들의 모습이 얼굴 하나, 동작 하나 모두 다른 모습으로 만들어져 장관을 이루었다. 농부가 갈증이 나 우물을 파다가 우연히 발견했다고 하는 가이드의 설명이 들린다. 병마용 전시관은 그런대로 참관하기 편리한 루트를 갖추고 있었다. 이곳에서도 전동차가 있으나 굳이 탈 필요가 없다.

시안에서는 37살인 딸을 데리고 천진에서 여행 온 여자분과 한 팀이 되어 여행을 했다. 친절하게도 내가 못 알아듣는 가이드의 말을 다시 설명해 주었다. 오후 6시에 관광이 끝나고 나는 이제 곤명으로 떠나는 기차를 타기 위해 시안역으로 발길을 옮긴다. 시안, 참 매력적인 대륙의 도시이다. 시안에는 화산이라는 멋진 산도 있다는데, 기차를 타고 가다가 볼 수 있을 것이라고 한다.

교육과정 재구성의 자율성

오늘부터 2학기 수업이 시작된다. 운남성 여행을 마치고 나는 수업을 준비하고 있었다. 이번 학기 1학년 한국 문화 체험 수업은 교육과정을 내가 재구성할 수 있어 상당한 자율권이 생겼다. 나는 한국에서 우리 문화를 소개하는 책을 가지고 와서 책을 바탕으로 새로운 내용을 첨가하여 지도할 생각이다. 현재 우리나라의 문화와 젊은 사람들의 현실에 맞는 내용으로 만들어 볼 예정이다.

예를 들면 지금 우리나라에서 최고의 시청률을 기록하고 있는 드라마인 〈태양의 후예〉가 중국에서도 압도적인 지지를 받고 있어, 드라마 주인공인 송중기와 송혜교의 유명한 대사를 학생들에게 지도하거나, 우리나라의 군대 문화 등을 수업의 내용에 새롭게 첨가하여 수업을 하고 있다.

이제 한 학기밖에 남지 않은 파견교사 생활이기에 학생들에게 조금 더 엄격해지기로 마음을 먹었다. 한국어 공부에 더 열중하도록 매 시간마다 시험을 보고 통과 여부를 확인하고, 수업 내용을 노트에 필기하게 할 생각이다.

텃밭 가꾸기

한국에서도 기회가 생기면 텃밭을 가꾸었는데, 이곳 학생들에게도 생태교육을 위해 반별로 텃밭을 만들게 했다. 그리고 그 텃밭에서 나온 야채를 집으로 가져가게 하고, 학교에서 직접 기른 야채로 학생들과 삼겹살 파티도 했다.

이번 학기에는 우리나라에서 직접 가져온 씨앗으로 농사를 지어 보기로 했다. 리춘시장에 가서 대나무 활주를 사고, 호미도 한 자루 샀다. 관리인에게 부탁하여 자투리땅을 잡초와 돌을 골라내고 땅을 뒤집어 드디어 조그마한 텃밭이 완성되었다. 관리인은 내가 먼저 친절을 베풀어서인지 내가 부탁하는 것은 적극적으로 들어준다. 삽이 없이 호미로 땅을 일구고 있으면 삽을 가지고 와서 직접 땅을 뒤집어 준다. 나에게 농사는 이렇게 하는 거라면서 가르쳐 준다.

나도 잘 알고 있는 사실이지만 새로운 것을 배웠다고 한껏 그를 치켜 준다. 관리인과 친하게 지내는 방법이 따로 있는 것은 아니다. 작은 친절을 베풀면 된다. 종이나 빈병, 플라스틱 등을 잘 분류하여 가져다주면 반색을 한다. 한국에서 가져온 담배나 라면 등을 기념으로 주면 작은 것이지만 좋아한다. 그를 인정해 주면 된다. 그리고 진심으로 대하면 되는 것이다. 나의 텃밭에 채소들이 언제쯤 자라나 그 채소로 요리를 해 먹을 수 있을지 기대가 된다.

진달래 꽃 수업

김소월의 「진달래 꽃」을 암송하는 수업을 한 날이다. 사실 김소월은 북한을 대표하는 시인이다 "북소월 남영랑"이라고 할 만큼 서정적이고 향토적인 시인이다. 지난겨울에 잠시 귀국했을 때, 강진의 김영랑 생가와 시문학파 문학관을 들렀다. 1930년대를 대표하는 서정적이고 우리말의 아름다움을 문학적으로 표현하던 김영랑, 모윤식, 박용철 등이 바로 시문학파라고 할 수 있다. 1930년대 일제 치하의 엄혹한 현실을 문학을 통해 회피하고자 했던 순수한 몸부림일 수도 있겠다 싶었다. 남도에 김영랑이 있다면 북한에는 김소월이 있다.

학생들에게 김소월의「진달래 꽃」을 어떻게 설명할지 난감했지만, 중국어로 설명하고 나서 정말 어려운 말은 동작과 표정으로 그 의미를 전달했다. 그런데 설명이 끝난 뒤에 우리 과 학생 중 세 명이 갑자기 눈물을 흘렸다. 무척 당황했지만 그 시의 내용에 감동하여 우는 학생들을 보고 마음 한구석에는 뿌듯함이 생겨났다. 너무나 사랑했기에 죽어도 아니 눈물을 흘리는 사랑 앞에서 무슨 말이 필요하겠는가?

김소월의 명시 앞에서 중국 학생이라고 예외는 없었다. 감동으로 말해 준다. 시 암송도 평가이니, 이제 학생들은 모두「진달래 꽃」을 평생 외우게 될 것이다. 나중에 나이가 들어 사랑의 의미를 더 알게 된다면 나도 그때쯤 그들을 다시 만날 수 있을까? 사랑과 문학은 시대와 공간을 초월하여 우리에게 다가오는 것이다.

중국 기차의 종류

작년 중국의 국경절(10월 1일)에 치박에서 근무하는 정경균 선생님과 태산을 다녀온 후로 태산에 대한 아쉬움이 남아 있었다. 당시에는 사람들이 너무나 많아 마음에 여유가 없었다. 무엇보다 태산에서 일출을 못 봤다는 것도 마음에 걸렸다. 이번에도 시간 부족으로 일출 보는 것은 어려울 듯하다. 수업이 없는 목요일을 골라 태산행을 결심했다. 굳이 다른 이유를 찾는다면 혼자 좁은 공간에 있지 못하는 폐쇄공포증 때문이라고 할 수도 있다. 한번 밖으로 나가자고 생각하니 굳이 태산이 아니더라도 나가야겠다는 마음이 내 행동을 재촉한다. 짧은 여행 동안 태산에 가려면 이곳 청도에서 야간기차를 타고 태안까지 가는 것이 좋다. 밤에 침대칸(軟臥)에서 잠을 자면 그다음 날 새벽에 태안에 도착하기 때문이다. 나는 루완워(軟臥)를 예약했다.

참고로 중국의 일반 기차 중 Z열차(直达特快列车)는 주로 각 성의 주요 도시를 운행한다. T열차(特快列车)는 Z열차보다 더 많은 역에 정차하고 속도도 조금 느린 편이다. K열차(快速列车)는 우리나라의 통일호 정도에 해당하고 더 많은 역에 정차한다고 보면 된다. 제일 속도가 느린 P열차(普快列车)가 있다.

우리나라에선 이미 없어진 지 오래인 비둘기호 정도에 해당되지 않을까. D 열차(动车)는 고속열차로, 목적지가 많지 않다. 그리고 우리나라 KTX에 해당하는 G열차(高铁)가 있는데, 가장 빠른 속도로 운행하는 열차이니 정차하는 역이 가장 적다. 열차 좌석은 침대칸과 좌석칸으로 나뉘는데, 좌석칸은 딱딱한 의자인 잉쭈워(硬座)와 부드러운 의자인 루완쭤어(軟座)가 있고, 침대칸은 딱딱한 침대인 잉워(硬卧), 부드러운 침대인 루완워(軟卧)로 나뉜다. 잉워는 다시 위, 중간, 아래 칸에 따라 上铺, 中铺, 下铺로 나뉜다. 멀리 갈수록 그리고 편안하게 갈수록 루완워가 제일 낫고 비싸다.

나는 제남까지 가지 않고 웨이팡(潍坊)에서 밤늦게 내려 잠을 잔 뒤 다음 날 태안에 도착하기로 했다. 웨이팡에서는 시회웨엔(정원) 앞에서 숙박을 하면 아침에 그곳을 간단히 구경하고 가도 괜찮을 듯하다.

청도에서 태안까지는 고속기차로 4시간, 웨이팡에서는 3시간 정도면 도착한다. 태안고속기차역에서 바로 역 앞에 나가면 태산까지 가는 버스가 있다. k37번 버스를 타고 홍문에서 내리면 된다. 굳이 등반 목적이 아니고 케이블을 타려면 홍문 앞 정거장에서 내리면 된다. 지난번 등반에서는 태안에서 하루를 묵어서 대묘를 관람했지만 이번에는 바로 홍문에서 등반을 시작했다.

평일이라 사람이 많지 않지만 그래도 워낙 명산인지라 등산객이 없는 것은 아니었다. 굳이 등산이 아니라 그들은 일종의 종교행사처럼 간절함을 가지고 오른다. 여든이 넘은 할머니와 할아버지가 한 칸 한 칸 힘겹게 태산을 오른다. 마치 인생의 마지막 숙제를 해결하는 것처럼. 갓난아이를 안고 오르는 부부의 모습도 보인다. 손에 향과 향지를 들고서. 두모궁(斗母宫)에 잠시 들렀다. 신혼부부로 보이는 두 젊은이가 안내원의 지시대로 향을 피우면서 간절하게 절하는 모습을 사진으로 찍었다. 안내원이 가족이 아니면 사진을 찍으면 안 된다고 하는데, 중국 풍습을 사진으로 간직하고픈 마음에 아무 말도 못 알아듣는 것처럼 영어로 응답했다. 그들을 따라 북두칠성의 어머니라는 두모를 세워 둔 사당 안으로 들어가, 그들이 작은 아이 인형을 사서 절을 하는 것을 구경했다. 자녀를 낳게 해 달라는 것 같았다. 난 마지막에 두모궁에서 나오면서 관리인에게 두모궁의 한국어 번역이 틀렸으니 나중에 수정하면 좋겠다고 알려 주었다. 정상까지는 보통 4시간이면 될 듯하다. 이번에는 여유가 있으니 전에는 안 보이던 것들이 눈에 들어왔다. 같은 곳이라도 언제, 누구랑 오느냐에 따라 새로운 것이 보인다.

점심은 산장에서 간단하게 식사를 해결하기 위해 농가에서 운영하는 곳에 밥과 계란탕을 주문했다. 내가 생각하는 계란탕이 아니라 당황했지만 그런대로 먹을 만했다. 올라가다가 태산에서만 볼 수 있는 '태산 전병'도 사 먹었다. 맛이 정말 밋밋했다. 태산은 올라갈수록 물건 값이 비싸진다. 하긴 케이블이 없는 곳에서 물이나 물건을 옮기려면 짐꾼이 어깨에 메고 이동해야 하니 당연히 비싸지는 것이다. 그래서 태산에 오르기 전엔 반드시 먹을 것을 준비하는 게 좋다. 웨이팡에서 생산되는 무나 물, 과일 등을 준비하는 것이 상책이다.

한 걸음 한 걸음 지나니 어느덧 중천문에 올랐다. 중천문까지는 케이블카로도 오를 수 있다. 이번에도 마의 18반 앞에서 힘이 들었다. 배까지 아파 정말 포기하고 싶은 생각도 들었지만, 나중에 더 후회할 것 같아 참고 정상까지 올라갔다. "태산이 높다 하되 하늘 아래 뫼이로다"라는 시조가 떠오를 정도로 인내하며 올라갔다. '천가에 도착하니 언제 아팠냐는 듯 아랫배가 개운해졌다. 역시 마음먹기에 달렸다. 이제 조금만 더 가면 정상이 보인다. 천가에서 조금 더 지나가면 주은래의 부인이 쓴 "태산에 올라 조국의 아름다운 산하를 보노라"라는 글씨가 보인다. 주은래의 부인도 이곳에서 조국의 해방을 기원했을 것이 분명하다.

드디어 정상이다. 더 이상 오를 곳도 없다. 그저 하늘을 바라보고 있으면 되고 자연의 숨결과 냄새를 맡고 있으면 된다. 이대로 시간이 멈추었으면 좋을 듯하다.

중국의 고등학교 선생님을 만나다

    왕 선생님은 중국 흑룡강성 백청시가 고향으로 북경에서 고등학생을 가르치고 있다. 나와는 위챗으로 서로 중국어와 한국어를 공부하는 사이다. 오늘은 북경에서 왕 선생님을 만났다. 함께 식사를 하고 왕 선생님이 근무하는 곳에 들러 교육환경을 둘러보았다. 이곳의 고등학생들도 대학 입시에 많은 시간과 열정을 쏟고 있었다. 우리와 달리 9월 신학기제이니 6월에 입시 시험(高考)이 있다. 그러나 우리나라처럼 밤 11시까지 야간자율학습을 하지는 않는다. 왕 선생님이 중국 천종수의 장편소설인 『위성』을 선물로 주셨다. 돌아오는 길에 읽어 본 내용 중에 다음과 같은 말이 인상적이었다.

    《围城》是钱钟书所著的长篇小说，是中国现代文学史上一部风格独特的讽刺小说。被誉为"新儒林外史"。第一版于1947年由上海晨光出版公司出版。故事主要写抗战初期知识分子的群相

    "결혼은 마치 포위된 성과도 같다. 성 밖의 사람들은 안으로 들어가고

자 하고, 성 안의 사람들은 밖으로 나가고자 한다."

> "结婚仿佛金漆的鸟笼, 笼子外面的鸟想住进去, 笼内的鸟想飞出来; 所以结而离,
>
> 离而结, 没有了局。"苏文纨说: "法国也有这么一句话。不过, 不说是鸟笼, 说是被围
>
> 困的城堡, 城外的人想冲进去, 城里的人想逃出来。"

사실, 우리나라에서도 경제적, 교육적, 문화적인 환경 때문에 어쩔 수 없이 서울이나 위성도시에 살고 있는 사람이 많을 것이다. 실상 그들은 마음속으로 서울을 떠나고 싶어도 현실적인 여러 이유로 떠나지 못하는 게 아닌가.

"교육을 받지 않은 자들은 까막눈이기에 사람들에게 속고, 교육을 받은 자들은 글을 읽을 줄 알기에 인쇄물에 속는다."

작가 천종수는 작품에 등장하는 이기적이고 타락한 지식인들에 대한 풍자를 통해 위와 같이 시대 현실을 비판하고 있다. 자녀 입시를 위해 가짜 증명서와 봉사활동 확인서, 가짜 독후감 제출 등을 부끄러움 없이 행해 왔던 우리의 일상을 여기서도 확인하게 된다.

내몽고 만주리, 후룬베이얼 대초원 여행

    청도에서의 마지막 밤을 보내고 그동안 근무한 청도호텔관리대학을 나섰다. 동료 교사들과 인사를 하고 학생들의 환송을 뒤로한 채 하얼빈행 비행기를 타러 청도공항으로 나섰다.

    2학년 학생들이 환송 파티를 해 주었고 1학년 학생들은 선물과 편지를 써 주었다. 효경이와 위결이 한글로 정성 들여 쓴 편지는 감동적이었다. 효도의 아빠와 가족들은 나를 저녁 식사에 초대해 주었고 청도의 특산물을 선물로 주었다.

    이제 나는 일주일의 휴가를 보내기 위해 내몽고대초원으로 떠난다. 그리고 18일부터 2주간 단동의 하오 어학원에 머물면서 중국어 공부를 하며 중국 생활을 마무리할 것이다. 원래는 한국에 파견 온 경험이 있는 중국 선생님의 강력한 추천으로 호남성의 장주와 장가계를 여행할 생각이었으나 며칠 전부터 심한 폭우로 교통 사정이 어렵다는 선생님의 권고에 따라 내몽고대초원으로 여행 계획을 조정하게 되었다. 저녁 7시 20분에 허얼빈행 비행기를 타고 9시 40분에 하얼빈 공항에 도착했다. 다행히 공항버스가 있어 공항버스 1호선을 타고 하얼빈역에 11시경에 도착했다. 하얼빈

은 작년 1월 단동어학원에서 공부할 때 가 본 곳이라 기억이 새로웠다. 하얼빈 역사의 중앙에 안중근의사기념관이 있다. 이번에도 기념관 내부를 보지는 못했다. 작년에는 새벽에 도착해서, 이번에는 밤늦게 도착해서 구경을 못한 것이 너무나 아쉽다. 언젠가는 꼭 기회가 생기리라. 밤늦게 하얼빈 역에 도착하니 비릿한 냄새와 깨끗하지 못한 역 광장이 1년이 지나도 그대로다. 더운 여름이라서인지 역 광장에 아무렇게나 누워 있는 여행객들과 옷을 벗고 있는 사람들이 많았다. 중국 사람들에게 왜 윗옷을 벗는 남자들이 많으냐고 물었더니, 습관이 되어 그게 예의에 어긋난 행동임을 자각하지 못한다고 대답한다. 그래도 젊은 사람들은 그것이 잘못된 행동임을 알고 있다고 한다. 북경에서는 옷을 벗는 행동은 벌금형에 해당한다고 한다.

　기차버스 시간이 남아 안중근기념관앞에서 사진을 찍고 나서 종디엔방

(钟点房)에서 40원을 주고 3시간 정도 잠을 자고 나서 새벽 4시경에 하이라이 얼행 버스를 탔다. 이 기차는 14시간 정도를 가야 목적지에 도달한다. 내몽고대초원은 지금이 황금 여행기라 침대칸이 없어 좌석표로 가다가 차 안에서 침대칸표로 환표를 했다. 하이라이얼역에 도착하니 몽고와 러시아와 중국의 국경에 있는 마지막 도시인 만주리(滿洲里)에 가 보고 싶은 욕심이 생겼다. 다시 표를 구하여 마침내 6시 무렵에 만주리에 도착했다. 만주리 는 러시아와 접경 도시라 도시 풍경에서 러시아 느낌이 났다. 기차에서 숙소 정보와 교통 정보를 알아 두고 제일 먼저 도착한 곳이 타와광장(她娃广场) 이다. 타와는 큰 인형 안에 7~10개의 작은 인형이 차례로 들어 있는 나무 인형 세트다. 밤에 입장을 하니 야경이 아름답다. 타와광장은 러시아풍 건 물과 러시아 음식, 러시아 춤과 노래를 소재로 한 테마공원(主題公园)이다. 각 종 러시아 물건들이 즐비하고, 말을 이용한 러시아인들의 마술 공연을 비 롯해 다양한 공연을 볼 수 있다.

오늘 내가 묵을 국제청년숙소(유스호스텔)는 순록국제청년숙소이다. 하루 에 50원과 보증금 50원을 내고 등기를 마쳤다. 한국 사람이 이곳까지 온 것을 신기한 눈으로 보며 환영해 주는 분위기였다. 게다가 호남성(湖南省)에 서 왔다는 젊은 여성과 청년들은 등기를 마치자마자 나를 밖에 있는 몽고 텐트에서 열리는 바비큐 파티에 초대해 주었다. 14시간 이상 기차를 타고 오면서 무척 피곤했는데 반갑게 맞이해 주니 피로가 모두 녹아 버렸다. 그 렇게 내몽고 끝자락의 마지막 도시 만주리의 밤은 깊어만 갔다.

호남성에서 온 2명의 젊은 여성과 하남성의 뤄양에서 혼자 여행을 온 직 장 여성, 나까지 4명은 다음 날부터 일주일 동안 단체 여행을 하기로 했다. 이렇게 타지에서 온 여행객들은 함께 차를 빌리고 식사를 하고서 여행을

떠났다. 각자 1/n로 여행경비를 갹출하기로 했으니 당연히 경비가 절약되고, 나처럼 외국인은 중국인 여행객 틈에 끼어 언어문제와 식사, 숙소, 여행지 경로 등에 대해 걱정하지 않아도 되니 아주 좋은 기회라고 생각한다. 우리는 내몽고의 후룬베이얼 대초원(呼伦贝尔大草原)에 도착했다. 대초원을 말을 타고 달리고, 걷고, 때로는 택시를 타고 다녔다. 유채밭이 끝없이 이어지고 들꽃이 만발한 초원이 펼쳐졌다. 초원을 달리는 양 떼와 말들을 본

감흥은 달리 표현할 길이 없었다. 몽고 텐트 숙소에서 바라본 수많은 별들은 마치 주먹보다 더 크게 보였다. 이국의 땅에서 별을 보니 고국의 산하가 더 그리워졌다.

심양 여행

내몽고 여행이 끝나는 날 우리는 하이라이얼역에서 각자의 고향으로 가기로 했다. 뤄양(洛阳)의 여자 여행객이 나를 배웅하러 역에 나와 있었다. 우리는 앞으로 연락을 주고받으며 간단한 중국어와 한국어를 서로 가르쳐 주기로 하고, 작별인사를 했다. 중국 사람들은 생각보다 개방적이다. 우리나라 여자들은 낯선 사람, 특히 낯선 남자와의 여행은 생각도 못할 것이다.

나는 한국에서부터 알고 지냈던 왕 선생님을 만날 수 있으면 장춘(长春)에서 내리려고 했으나, 출산이 얼마 남지 않아 장춘으로 올 수 없다는 연락을 받고 심양(沈阳)행 기차표를 끊었다. 심양에서 3년째 공부를 하고 있는 지인의 아들을 만나 식사를 하려는 생각이었다. 대초원 여행 중에 와이파이 연결이 잘 안 되었고 심양역에 내려서까지 연락이 안 되어 하는 수 없이 번화가인 중화로의 국제청년숙소에 여장을 풀었다. 그제야 지인의 아들과 연락이 되어 심양역에서 만나 같이 식사를 하면서 이런저런 이야기를 나누었다. 그는 부모님에 대한 존경심을 지닌 듬직한 청년으로 성장했다. 중국어 공부도 열심히 하여 벌써 HSK 6급을 획득했단다. 그와 헤어진 후 일찍 잠자리에 들었다.

국제청년숙소에서 다음 날 여행 정보를 수집하여 하루의 여행 계획을 세웠다. 내일은 심양고궁과 장씨대부, 심양금융박물관, 북릉, 9·18역사박물관, 동타 등을 둘러볼 생각이다. 심양고궁은 북경고궁보다 규모 면에서 훨씬 작으나 누루하치가 세운 청나라의 첫 고궁이라는 데 역사적인 의의가 있다. 고궁을 보며 서두르지 않고 천천히 여행하기로 했다. 혼자 여행하면 이런 것이 장점이다. 가다가 힘들면 쉬어 가고, 내가 보고 싶은 대로 다 보고 갈 수 있으니 말이다. 더군다나 중국인 해설사가 하는 해설을 덤으로 들을 수 있어 귀한 정보가 된다. 아직도 가이드의 말을 제대로 다 알아들을 수 없으니 답답한 노릇이긴 하지만 말이다. 고궁에 들어가기 전에 무료로 짐을 맡아 주는 데가 있다는 친절한 직원의 안내로 2시간쯤 짐을 내려놓으니 여행자의 어깨가 한결 가벼워졌다. 친절하게도 한글로 된 안내 책자를 주고 다음 행선지까지 직접 안내를 해 주어 기분까지 상쾌해졌다. 그러나 한글로 된 안내 책자는 문법적으로 틀린 부분이 많아 안타까웠다. 시간이 있었다면 잘못된 곳을 수정하여 박물관 사무실에 전해 주고 왔을 텐데, 정말로 시간이 없었다. 다음에 기회가 되면 문구를 수정해 사진을 찍어서라도 보내 줄 계획이다.

다음 여행지는 장학령 장군 박물관이다. 장학령 장군은 국민당과 공산당이 싸워서 결국 대만과 대륙으로 갈라진 것을 너무나 안타까워한 애국자이자, 항일전쟁의 영웅이라고 한다. 100세까지 살았다는 그의 무덤이 태평양 하와이에 있다고 한다. 시간을 내서 장학령에 대해 공부를 해야겠다. 로마식 건물인 집무실과 근현대 건축물이 잘 보전되어 있었다. 많은 중국 사람들이 그를 기억하고 기리는 것을 느낄 수 있었다. 바로 옆의 금융박물관에도 화폐의 역사, 화폐의 진화과정을 보여 주는 자료들과 세계 각국의 화폐 등이 잘 전시되어 있었다. 장씨대부의 표를 구입하면 세 곳을 세트로 구경할 수 있다. 이곳 구경을 다 하니 벌써 2시 반이 넘어간다.

가까운 곳에서 늦은 점심을 해결하고 북릉공원으로 향했다. 친절한 할머니들을 만나 북릉공원 버스를 탈 수 있었다.

　버스에서 내려서는 친절한 중국 아주머니의 안내로 북릉공원을 돌아보았다. 연꽃이 아름다운 호수를 지나 20분쯤 걸어가니 조양릉이 있었다. 조양릉의 문 앞에는 철로 된 패방이 있었다. 패방은 대부분 돌이나 나무로 만들어졌는데, 철로 만든 여러 가지 꽃 모양 장식이 독특했다. 그런데 이곳에 들어가려면 또 표를 끊어야 한단다. 마침 시간이 없었던 터라 밖에서 구경만 하고 발길을 돌렸다. 단동(丹东)으로 가는 기차가 나를 기다리고 있었다.

다시 세계를 꿈꾸며

중국 파견 생활 일 년은 내가 더 넓은 세계로 나아가는 계기가 되기에 충분했다. 중국의 지도를 펼쳐 놓고 작게는 산둥성의 거의 모든 도시를 가 보겠다는 계획을 세워 놓고 다녀온 곳에 표시를 해 두었다. 그리고 산둥성을 넘어 흑룡강성, 절강성, 운남성, 산서성 등 대륙을 다니며 그곳의 문화와 사람들에 대해 알려고 노력했다.

이제 새로운 세계를 꿈꾸며 다시 도전을 하려 한다. 세계지도를 펼쳐 놓고 그곳에 가기 위해 많은 것들을 준비할 것이다.

작은 학교를 넘어 희망을 찾아

지난 일 년, 너와 나 그리고 우리는 한 번도 걷지 않은 길을 걷고 있다. 익숙한 환경에서 벗어나 서로 조심하며 몸은 멀리, 마음은 가까이해야 하는, 어찌 보면 모순된 말을 실천해야 하는 세상 속에 살아가고 있다.

원래부터 길은 없었는지도 모른다. 눈길이 나는 이유도 도로가 나는 이유도 누군가 처음 그 길을 걸었기에, 그의 발자국을 따라 같이 걸은 사람들이 있어서 결국은 길이 되었을 것이다.

희망도 마찬가지다. 희망은 목표다. 목표를 갖게 되면 그 목표를 향해 가기 마련이다. 코로나19로 교육현장이 어렵다고 해도 우리는 다양한 비대면 학습과 대면 학습을 병행하여 새로운 교육의 길을 만들어 가고 있다. 만날 수 없다면 더 많은 기대와 그리움으로 준비를 해야 한다. 준비가 되어 있으면 어려운 상황에서도 길은 만들어질 것이다.

작은 학교에서의 일 년, 그리고 중국 파견교사로서의 일 년, 나에게는 모두 새로운 길이었다. 그 길을 걷게 해 준 의신초등학교의 학생들과 선생님들께 고마움을 전한다. 또 중국에 있는 친구이자 제자들에게도 멀리서 인사를 전한다.

삶의 행복을 꿈꾸는 교육은 어디에서 오는가?

교육혁명을 앞당기는 배움책 이야기 혁신교육의 철학과 잉걸진 미래를 만나다!

한국교육연구네트워크 총서

01 핀란드 교육혁명
한국교육연구네트워크 엮음 | 320쪽 | 값 15,000원

02 일제고사를 넘어서
한국교육연구네트워크 엮음 | 284쪽 | 값 13,000원

03 새로운 사회를 여는 교육혁명
한국교육연구네트워크 엮음 | 380쪽 | 값 17,000원

04 교장제도 혁명
한국교육연구네트워크 엮음 | 268쪽 | 값 14,000원

05 새로운 사회를 여는 교육자치 혁명
한국교육연구네트워크 엮음 | 312쪽 | 값 15,000원

06 혁신학교에 대한 교육학적 성찰
한국교육연구네트워크 엮음 | 308쪽 | 값 15,000원

07 진보주의 교육의 세계적 동향
한국교육연구네트워크 엮음 | 324쪽 | 값 17,000원
2018 세종도서 학술부문

08 더 나은 세상을 위한 학교혁명
한국교육연구네트워크 엮음 | 404쪽 | 값 21,000원
2018 세종도서 교양부문

09 비판적 실천을 위한 교육학
이윤미 외 지음 | 448쪽 | 값 23,000원
2019 세종도서 학술부문

10 마을교육공동체운동:
세계적 동향과 전망
심성보 외 지음 | 376쪽 | 값 18,000원

11 학교 민주시민교육의 세계적 동향과 과제
심성보 외 지음 | 308쪽 | 값 16,000원

12 학교를 민주주의의 정원으로
가꿀 수 있을까?
성열관 외 지음 | 272쪽 | 값 16,000원

한국교육연구네트워크 번역 총서

01 프레이리와 교육
존 엘리아스 지음 | 한국교육연구네트워크 옮김
276쪽 | 값 14,000원

02 교육은 사회를 바꿀 수 있을까?
마이클 애플 지음 | 강희룡·김선우·박원순·이형빈 옮김
356쪽 | 값 16,000원

03 비판적 페다고지는
세상을 변화시킬 수 있는가?
Seewha Cho 지음 | 심성보·조시화 옮김 | 280쪽 | 값 14,000원

04 마이클 애플의 민주학교
마이클 애플·제임스 빈 엮음 | 강희룡 옮김 | 276쪽 | 값 14,000원

05 21세기 교육과 민주주의
넬 나딩스 지음 | 심성보 옮김 | 392쪽 | 값 18,000원

06 세계교육개혁:
민영화 우선인가 공적 투자 강화인가?
린다 달링-해먼드 외 지음 | 심성보 외 옮김 | 408쪽 | 값 21,000원

07 콩도르세, 공교육에 관한 다섯 논문
니콜라 드 콩도르세 지음 | 이주환 옮김 | 300쪽 | 값 16,000원
2019 세종도서학술부문

08 학교를 변론하다
얀 마스켈라인·마틴 시몬스 지음 | 윤선인 옮김
252쪽 | 값 15,000원

혁신학교
성열관·이순철 지음 | 224쪽 | 값 12,000원

행복한 혁신학교 만들기
초등교육과정연구모임 지음 | 264쪽 | 값 13,000원

서울형 혁신학교 이야기
이부영 지음 | 320쪽 | 값 15,000원

혁신교육, 철학을 만나다
브렌트 데이비스·데니스 수마라 지음
현인철·서용선 옮김 | 304쪽 | 값 15,000원

대한민국 교사, 어떻게 가르칠 것인가?
윤성관 지음 | 320쪽 | 값 15,000원

비고츠키 선집 시리즈 발달과 협력의 교육학 어떻게 읽을 것인가?

생각과 말
레프 세묘노비치 비고츠키 지음
배희철·김용호·D. 켈로그 옮김 | 690쪽 | 값 33,000원

도구와 기호
비고츠키·루리야 지음 | 비고츠키 연구회 옮김
336쪽 | 값 16,000원

어린이 자기행동숙달의 역사와 발달 I
L.S. 비고츠키 지음 | 비고츠키 연구회 옮김
564쪽 | 값 28,000원

어린이 자기행동숙달의 역사와 발달 II
L.S. 비고츠키 지음 | 비고츠키 연구회 옮김
552쪽 | 값 28,000원

어린이의 상상과 창조
L.S. 비고츠키 지음 | 비고츠키 연구회 옮김
280쪽 | 값 15,000원

비고츠키와 인지 발달의 비밀
A.R. 루리야 지음 | 배희철 옮김 | 280쪽 | 값 15,000원

수업과 수업 사이
비고츠키 연구회 지음 | 196쪽 | 값 12,000원

비고츠키의 발달교육이란 무엇인가?
비고츠키교육학실천연구모임 지음 | 412쪽 | 값 21,000원

**비고츠키 철학으로 본
핀란드 교육과정**
배희철 지음 | 456쪽 | 값 23,000원

성장과 분화
L.S. 비고츠키 지음 | 비고츠키 연구회 옮김
308쪽 | 값 15,000원

연령과 위기
L.S. 비고츠키 지음 | 비고츠키 연구회 옮김
336쪽 | 값 17,000원

의식과 숙달
L.S 비고츠키 | 비고츠키 연구회 옮김
348쪽 | 값 17,000원

분열과 사랑
L.S. 비고츠키 지음 | 비고츠키 연구회 옮김
260쪽 | 값 16,000원

성애와 갈등
L.S. 비고츠키 지음 | 비고츠키 연구회 옮김
268쪽 | 값 17,000원

관계의 교육학, 비고츠키
진보교육연구소 비고츠키교육학실천연구모임 지음
300쪽 | 값 15,000원

비고츠키 생각과 말 쉽게 읽기
진보교육연구소 비고츠키교육학실천연구모임 지음
316쪽 | 값 15,000원

교사와 부모를 위한 비고츠키 교육학
카르포프 지음 | 실천교사번역팀 옮김 | 308쪽 | 값 15,000원

아이들을 어떻게 가르칠 것인가
사토 마나부 지음 | 박찬영 옮김 | 232쪽 | 값 13,000원

모두를 위한 국제이해교육
한국국제이해교육학회 지음 | 364쪽 | 값 16,000원

경쟁을 넘어 발달 교육으로
현광일 지음 | 288쪽 | 값 14,000원

혁신교육 존 듀이에게 묻다
서용선 지음 | 292쪽 | 값 14,000원

다시 읽는 조선 교육사
이만규 지음 | 750쪽 | 값 33,000원

대한민국 교육혁명
교육혁명공동행동 연구위원회 지음 | 224쪽 | 값 12,000원

독일 교육, 왜 강한가?
박성희 지음 | 324쪽 | 값 15,000원

핀란드 교육의 기적
한넬레 니에미 외 엮음 | 장수명 외 옮김 | 456쪽 | 값 23,000원

한국 교육의 현실과 전망
심성보 지음 | 724쪽 | 값 35,000원

통하는 공부
김태호·김형우·이경석·심우근·허진만 지음
324쪽 | 값 15,000원

 내일 수업 어떻게 하지?
아이함께 지음 | 300쪽 | 값 15,000원
2015 세종도서 교양부문

 인간 회복의 교육
성래운 지음 | 260쪽 | 값 13,000원

 교과서 너머 교육과정 마주하기
이윤미 외 지음 | 368쪽 | 값 17,000원

 수업 고수들
수업·교육과정·평가를 말하다
박현숙 외 지음 | 368쪽 | 값 17,000원

 도덕 수업, 책으로 묻고 윤리로 답하다
울산도덕교사모임 지음 | 320쪽 | 값 15,000원

 체육 교사, 수업을 말하다
전용진 지음 | 304쪽 | 값 15,000원

 교실을 위한 프레이리
아이러 쇼어 엮음 | 사람대사람 옮김 | 412쪽 | 값 18,000원

 마을교육공동체란 무엇인가?
서용선 외 지음 | 360쪽 | 값 17,000원

 교사, 학교를 바꾸다
정진화 지음 | 372쪽 | 값 17,000원

 함께 배움
학생 주도 배움 중심 수업 이렇게 한다
니시카와 준 지음 | 백경석 옮김 | 280쪽 | 값 15,000원

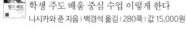 **공교육은 왜?**
홍섭근 지음 | 352쪽 | 값 16,000원

 자기혁신과 공동의 성장을 위한
교사들의 필리버스터
윤양수·원종희·장군·조경삼 지음 | 280쪽 | 값 14,000원

 함께 배움 이렇게 시작한다
니시카와 준 지음 | 백경석 옮김 | 196쪽 | 값 12,000원

 함께 배움 교사의 말하기
니시카와 준 지음 | 백경석 옮김 | 188쪽 | 값 12,000원

 교육과정 통합, 어떻게 할 것인가?
성열관 외 지음 | 192쪽 | 값 13,000원

 미래교육의 열쇠, 창의적 문화교육
심광현·노명우·강정석 지음 | 368쪽 | 값 16,000원

 주제통합수업, 아이들을 수업의 주인공으로!
이윤미 외 지음 | 392쪽 | 값 17,000원

 수업과 교육의 지평을 확장하는 **수업 비평**
윤양수 지음 | 316쪽 | 값 15,000원
2014 문화체육관광부 우수교양도서

 교사, 선생이 되다
김태은 외 지음 | 260쪽 | 값 13,000원

 교사의 전문성, 어떻게 만들어지나
국제교원노조연맹 보고서 | 김석규 옮김 392쪽 | 값 17,000원

 수업의 정치
윤양수·원종희·장군 지음 | 280쪽 | 값 14,000원

 학교협동조합,
현장체험학습과 마을교육공동체를 잇다
주수원 외 지음 | 296쪽 | 값 15,000원

 거꾸로 교실,
잠자는 아이들을 깨우는 수업의 비밀
이민경 지음 | 280쪽 | 값 14,000원

 교사는 무엇으로 사는가
정은균 지음 | 292쪽 | 값 15,000원

 마음의 힘을 기르는 감성수업
조선미 외 지음 | 300쪽 | 값 15,000원

 작은 학교 아이들
지경준 엮음 | 376쪽 | 값 17,000원

 아이들의 배움은 어떻게 깊어지는가
이시이 준지 지음 | 방지현·이창희 옮김 | 200쪽 | 값 11,000원

 대한민국 입시혁명
참교육연구소 입시연구팀 지음 | 220쪽 | 값 12,000원

 교사를 세우는 교육과정
박승열 지음 | 312쪽 | 값 15,000원

 전국 17명 교육감들과 나눈 교육 대담
최창의 대담·기록 | 272쪽 | 값 15,000원

 들뢰즈와 가타리를 통해 유아교육 읽기
리세롯 마리엣 올슨 지음 | 이연선 외 옮김 | 328쪽 | 값 17,000원

학교 혁신의 길, 아이들에게 묻다
남궁상운 외 지음 | 272쪽 | 값 15,000원

 학교 민주주의의 불한당들
정은균 지음 | 276쪽 | 값 14,000원

 프레이리의 사상과 실천
사람대사람 지음 | 352쪽 | 값 18,000원
2018 세종도서 학술부문

 교육과정, 수업, 평가의 일체화
리사 카터 지음 | 박승열 외 옮김 | 196쪽 | 값 13,000원

 혁신학교, 한국 교육의 미래를 열다
송순재 외 지음 | 608쪽 | 값 30,000원

 학교를 개선하는 교장
지속가능한 학교 혁신을 위한 실천 전략
마이클 풀란 지음 | 서동연·정효준 옮김 | 216쪽 | 값 13,000원

 페다고지를 위하여
프레네의 『페다고지 불변요소』 읽기
박찬영 지음 | 296쪽 | 값 15,000원

 공자던, 논어는 이것이다
유문상 지음 | 392쪽 | 값 18,000원

 노자와 탈현대 문명
홍승표 지음 | 284쪽 | 값 15,000원

교사와 부모를 위한
 발달교육이란 무엇인가?
현광일 지음 | 380쪽 | 값 18,000원

 선생님, 민주시민교육이 뭐예요?
염경미 지음 | 244쪽 | 값 15,000원

 교사, 이오덕에게 길을 묻다
이무완 지음 | 328쪽 | 값 15,000원

 어쩌다 혁신학교
유우석 외 지음 | 380쪽 | 값 17,000원

 낙오자 없는 스웨덴 교육
레이프 스트란드베리 지음 | 변광수 옮김 | 208쪽 | 값 13,000원

 미래, 교육을 묻다
정광필 지음 | 232쪽 | 값 15,000원

 끝나지 않은 마지막 수업
장석웅 지음 | 328쪽 | 값 20,000원

 대학, 협동조합으로 교육하라
박주희 외 지음 | 252쪽 | 값 15,000원

 경기꿈의학교
진흥섭 외 지음 | 360쪽 | 값 17,000원

 입시, 어떻게 바꿀 것인가?
노기원 지음 | 306쪽 | 값 15,000원

 학교를 말한다
이성우 지음 | 292쪽 | 값 15,000원

 촛불시대, 혁신교육을 말하다
이용관 지음 | 240쪽 | 값 15,000원

 행복도시 세종, 혁신교육으로 디자인하다
곽순일 외 지음 | 392쪽 | 값 18,000원

 라운드 스터디
이시이 데루마사 외 엮음 | 224쪽 | 값 15,000원

 나는 거꾸로 교실 거꾸로 교사
류광모·임정훈 지음 | 212쪽 | 값 13,000원

 미래교육을 디자인하는 학교교육과정
박승열 외 지음 | 348쪽 | 값 18,000원

 교실 속으로 간 이해중심 교육과정
온정덕 외 지음 | 224쪽 | 값 13,000원

 흥미진진한 아일랜드 전환학년 이야기
제리 제퍼스 지음 | 최상덕·김호원 옮김 | 508쪽 | 값 27,000원

 교실, 평화를 말하다
따돌림사회연구모임 초등우정팀 지음 | 268쪽 | 값 15,000원

 폭력 교실에 맞서는 용기
따돌림사회연구모임 학급운영팀 지음 | 272쪽 | 값 15,000원

 학교자율운영 2.0
김용 지음 | 240쪽 | 값 15,000원

 그래도 혁신학교
박은혜 외 지음 | 248쪽 | 값 15,000원

 학교자치를 부탁해
유우석 외 지음 | 252쪽 | 값 15,000원

 학교는 어떤 공동체인가?
성열관 외 지음 | 228쪽 | 값 15,000원

 국제이해교육 페다고지
강순원 외 지음 | 256쪽 | 값 15,000원

교사 전쟁
다나 골드스타인 지음 | 유성상 외 옮김 | 468쪽 | 값 23,000원

선생님, 페미니즘이 뭐예요?
염경미 지음 | 280쪽 | 값 15,000원

시민, 학교에 가다
최형규 지음 | 260쪽 | 값 15,000원

평화의 교육과정 섬김의 리더십
이준원·이형빈 지음 | 292쪽 | 값 16,000원

학교를 살리는 회복적 생활교육
김민자·이순영·정선영 지음 | 256쪽 | 값 15,000원

수포자의 시대
김성수·이형빈 지음 | 252쪽 | 값 15,000원

교사를 위한 교육학 강의
이형빈 지음 | 336쪽 | 값 17,000원

혁신학교와 실천적 교육과정
신은희 지음 | 236쪽 | 값 15,000원

새로운학교 학생을 날게 하다
새로운학교네트워크 총서 02 | 408쪽 | 값 20,000원

삶의 시간을 잇는 문화예술교육
고영직 지음 | 292쪽 | 값 16,000원

세월호가 묻고 교육이 답하다
경기도교육연구원 지음 | 214쪽 | 값 13,000원

혐오, 교실에 들어오다
이혜정 외 지음 | 232쪽 | 값 15.000원

미래교육, 어떻게 만들어갈 것인가?
송기상·김성천 지음 | 300쪽 | 값 16,000원
2019 세종도서 교양부문

혁신교육지구와 마을교육공동체는 어떻게 만들어지는가?
김태정 지음 | 376쪽 | 값 18,000원

교육에 대한 오해
우문영 지음 | 224쪽 | 값 15,000원

선생님, 특성화고 자기소개서 어떻게 써요?
이지영 지음 | 322쪽 | 값 17,000원

혁신교육지구 현장을 가다
이용운 외 지음 | 348쪽 | 값 18,000원

학생과 교사, 수업을 묻다
전용진 지음 | 344쪽 | 값 18,000원

배움의 독립선언, 평생학습
정민승 지음 | 240쪽 | 값 15,000원

혁신학교의 꽃, 교육과정 다시 그리기
안재일 지음 | 344쪽 | 값 18,000원

● 살림터 참교육 문예 시리즈 영혼이 있는 삶을 가르치는 온 선생님을 만나다!

꽃보다 귀한 우리 아이는
조재도 지음 | 244쪽 | 값 12,000원

선생님이 먼저 때렸는데요
강병철 지음 | 248쪽 | 값 12,000원

성깔 있는 나무들
최은숙 지음 | 244쪽 | 값 12,000원

서울 여자, 시골 선생님 되다
조경선 지음 | 252쪽 | 값 12,000원

아이들에게 세상을 배웠네
명혜정 지음 | 240쪽 | 값 12,000원

행복한 창의 교육
최창의 지음 | 328쪽 | 값 15,000원

밥상에서 세상으로
김흥숙 지음 | 280쪽 | 값 13,000원

북유럽 교육 기행
정애경 외 14인 지음 | 288쪽 | 값 14,000원

우물쭈물하다 끝난 교사 이야기
유기창 지음 | 380쪽 | 값 17,000원

시험 시간에 웃은 건 처음이에요
조규선 지음 | 252쪽 | 값 15,000원

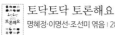

교과서 밖에서 만나는 역사 교실 상식이 통하는 살아 있는 역사를 만나다

전봉준과 동학농민혁명
조광환 지음 | 336쪽 | 값 15,000원

남도의 기억을 걷다
노성태 지음 | 344쪽 | 값 14,000원

응답하라 한국사 1·2
김은석 지음 | 356쪽·368쪽 | 각권 값 15,000원

즐거운 국사수업 32강
김남선 지음 | 280쪽 | 값 11,000원

즐거운 세계사 수업
김은석 지음 | 328쪽 | 값 13,000원

강화도의 기억을 걷다
최보길 지음 | 276쪽 | 값 14,000원

광주의 기억을 걷다
노성태 지음 | 348쪽 | 값 15,000원

선생님도 궁금해하는 한국사의 비밀 20가지
김은석 지음 | 312쪽 | 값 15,000원

걸림돌
키르스텐 세룹-빌펠트 지음 | 문봉애 옮김
248쪽 | 값 13,000원

역사수업을 부탁해
열 사람의 한 걸음 지음 | 388쪽 | 값 18,000원

진실과 거짓, 인물 한국사
하성환 지음 | 400쪽 | 값 18,000원

우리 역사에서 사라진 근현대 인물 한국사
하성환 지음 | 296쪽 | 값 18,000원

꼬물꼬물 거꾸로 역사수업
역모자들 지음 | 436쪽 | 값 23,000원

즐거운 동아시아사 수업
김은석 지음 | 240쪽 | 값 15,000원

노성태, 역사의 길을 걷다
노성태 지음 | 324쪽 | 값 17,000원

교과서 밖에서 배우는 역사 공부
정은교 지음 | 292쪽 | 값 14,000원

팔만대장경도 모르면 빨래판이다
전병철 지음 | 360쪽 | 값 16,000원

빨래판도 잘 보면 팔만대장경이다
전병철 지음 | 360쪽 | 값 16,000원

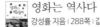
영화는 역사다
강성률 지음 | 288쪽 | 값 13,000원

친일 영화의 해부학
강성률 지음 | 264쪽 | 값 15,000원

한국 고대사의 비밀
김은석 지음 | 304쪽 | 값 13,000원

조선족 근현대 교육사
정미량 지음 | 320쪽 | 값 15,000원

다시 읽는 조선근대 교육의 사상과 운동
윤건차 지음 | 이명실·심성보 옮김 | 516쪽 | 값 25,000원

음악과 함께 떠나는 세계의 혁명 이야기
조광환 지음 | 292쪽 | 값 15,000원

논쟁으로 보는 일본 근대 교육의 역사
이명실 지음 | 324쪽 | 값 17,000원

다시, 독립의 기억을 걷다
노성태 지음 | 320쪽 | 값 16,000원

한국사 리뷰
김은석 지음 | 244쪽 | 값 15,000원

경남의 기억을 걷다
류형진 외 지음 | 564쪽 | 값 28,000원

어제와 오늘이 만나는 교실
학생과 교사의 역사수업 에세이
정진경 외 지음 | 328쪽 | 값 17,000원

더불어 사는 정의로운 세상을 여는 인문사회과학 사람의 존엄과 평등의 가치를 배운다

 밥상혁명
강양구·강이현 지음 | 298쪽 | 값 13,800원

 좌우지간 인권이다
안경환 지음 | 288쪽 | 값 13,000원

 도덕 교과서 무엇이 문제인가?
김대용 지음 | 272쪽 | 값 14,000원

 민주시민교육
심성보 지음 | 544쪽 | 값 25,000원

 자율주의와 진보교육
조엘 스프링 지음 | 심성보 옮김 | 320쪽 | 값 15,000원

 민주시민을 위한 도덕교육
심성보 지음 | 500쪽 | 값 25,000원
2015 세종도서 학술부문

 민주화 이후의 공동체 교육
심성보 지음 | 392쪽 | 값 15,000원
2009 문화체육관광부 우수학술도서

 교과서 밖에서 배우는 인문학 공부
정은교 지음 | 280쪽 | 값 13,000원

 갈등을 넘어 협력 사회로
이창언·오수길·유문종·신윤관 지음 | 280쪽 | 값 15,000원

 오래된 미래교육
정재걸 지음 | 392쪽 | 값 18,000원

 동양사상과 마음교육
정재걸 외 지음 | 356쪽 | 값 16,000원
2015 세종도서 학술부문

 대한민국 의료혁명
전국보건의료산업노동조합 엮음 | 548쪽 | 값 25,000원

 교과서 밖에서 배우는 철학 공부
정은교 지음 | 280쪽 | 값 14,000원

 교과서 밖에서 배우는 고전 공부
정은교 지음 | 288쪽 | 값 14,000원

 교과서 밖에서 배우는 사회 공부
정은교 지음 | 304쪽 | 값 15,000원

 전체 안의 전체 사고 속의 사고
김우창의 인문학을 읽다
현광일 지음 | 320쪽 | 값 15,000원

 교과서 밖에서 배우는 윤리 공부
정은교 지음 | 292쪽 | 값 15,000원

 카스트로, 종교를 말하다
피델 카스트로·프레이 베토 대담 | 조세종 옮김
420쪽 | 값 21,000원

 한글 혁명
김슬옹 지음 | 388쪽 | 값 18,000원

 일제강점기 한국철학
이태우 지음 | 448쪽 | 값 25,000원

 우리 안의 미래교육
정재걸 지음 | 484쪽 | 값 25,000원

 한국 교육 제4의 길을 찾다
이길상 지음 | 400쪽 | 값 21,000원
2019세종도서학술부문

 왜 그는 한국으로 돌아왔는가?
황선준 지음 | 364쪽 | 값 17,000원
2019세종도서교양부문

 마을교육공동체 생태적 의미와 실천
김용련 지음 | 256쪽 | 값 15,000원

 공간, 문화, 정치의 생태학
현광일 지음 | 232쪽 | 값 15,000원

 교육과정에서 왜 지식이 중요한가
심성보 지음 | 440쪽 | 값 23,000원

 인공지능 시대의 사회학적 상상력
홍승표 지음 | 260쪽 | 값 15,000원

 식물에게서 교육을 배우다
이차영 지음 | 260쪽 | 값 15,000원

 동양사상과 인간 그리고 사회
이현지 지음 | 418쪽 | 값 21,000원

참된 삶과 교육에 관한 생각 줍기